微课版

新时代劳动教育

主编　谷世宏　杨潇楠　杜亚娟

XIN SHI DAI LAO DONG JIAO YU

主　编：谷世宏　杨潇楠　杜亚娟
副主编：高红梅　杨景悦
参　编：张　倩　赵　悦　杨一楠
主　审：张韶斌

华中科技大学出版社
http://www.hustp.com
中国·武汉

内容简介

劳动创造了人本身，创造了世界，创造了美好生活。新时代，劳动对于彰显人在社会发展与个人生活中的主体性、创造性，对于我们通过劳动理解并获得积极的人生意义，越来越重要。

根据《义务教育劳动课程标准（2022版）》，学生升入中等职业学校前已经懂得劳动创造人的道理，认识到劳动是推动人类社会进步的根本力量，牢固树立劳动最光荣、劳动最崇高、劳动最伟大、劳动最美丽的观念。掌握一定的劳动技能，具备一定的社会责任感，初步具有辛勤劳动、不畏艰辛、锐意进取、精益求精，不断创新的精神。

本书以习近平新时代中国特色社会主义思想为指导，全面贯彻党的教育方针，坚持立德树人根本任务，参照《大中小学劳动教育指导纲要（试行）》中对职业院校的要求，立足中等职业学校学生实际，对劳动教育进行了整体模块化设计，创新劳动精神、劳模精神、工匠精神与劳动实践任务相结合的"四位一体"教材模式，注重教育实效，力求知行合一，以劳树德，以劳增智，以劳强体，以劳育美促使学生形成正确的世界观、人生观、价值观。

希望学生通过劳动教育逐渐成长为和谐发展、人性丰沛、有尊严、有能力的一代新人。

图书在版编目（CIP）数据

新时代劳动教育/谷世宏,杨潇楠,杜亚娟主编.—武汉：华中科技大学出版社,2022.8
ISBN 978-7-5680-8571-7

Ⅰ.①新… Ⅱ.①谷…②杨…③杜… Ⅲ.①劳动教育—中等专业学校—教材 Ⅳ.①G40-015

中国版本图书馆CIP数据核字（2022）第136973号

新时代劳动教育 谷世宏 杨潇楠 杜亚娟 主编
Xinshidai Laodong Jiaoyu

策划编辑：	李承诚　袁文娣
责任编辑：	江旭玉
封面设计：	廖亚萍
责任校对：	张汇娟
责任监印：	周治超
出版发行：	华中科技大学出版社（中国·武汉）　电话：（027）81321913
	武汉市东湖新技术开发区华工科技园　邮编：430223
录　　排：	孙雅丽
印　　刷：	三河市新科印务有限公司
开　　本：	787mm×1092mm　1/16
印　　张：	12　插页：1
字　　数：	247千字
版　　次：	2022年8月第1版第1次印刷
定　　价：	38.80元

本书若有印装质量问题，请向出版社营销中心调换
全国免费服务热线：400-6679-118　竭诚为您服务
版权所有　侵权必究

前　言

党的十八大开启了中国特色社会主义新时代。这个新时代，既同改革开放以来的发展历程一脉相承，又体现了很多与时俱进的新特征，新时代赋予劳动精神、劳模精神及工匠精神新的内涵，使其内容丰富、意蕴深远。

本教材立足时代特征，结合国家人才发展需要、行业企业要求，按照《中共中央 国务院关于全面加强新时代大中小学劳动教育的意见》《大中小学劳动教育指导纲要（试行）》，参照《义务教育劳动课程标准（2022年版）》系列文件要求，将新时代劳动教育的课程目标有机融入各个章节。

本教材总体分为理论篇和实践篇两部分。理论篇涵盖劳动精神、劳模精神、工匠精神、大国尚技、劳动安全与保护等内容，案例丰富，通俗易懂，突出模范引领作用，重在精神滋养；实践篇涉及生活劳动、社会劳动和专业劳动三大任务群，共19个子任务，注重培养学生的敬业精神，以及吃苦耐劳、团结协作、严谨细致的工作态度，使其在劳动实践中提升劳动品质，锤炼劳动意志。

目前，国内劳动教育教材不够丰富，不能很好地适应新时代劳动教育的需求，中职劳动教育教材更加匮乏。本教材理论与实践结合，设计巧妙，易学好用。能满足中职劳动教育教学需要。

具体来说，本教材具有如下特点。

第一，思政育人，润物无声。积极落实立德树人根本任务，引导学生树立正确的劳动价值观，在劳动实践中掌握劳动技能，锻炼劳动意志，将个人的发展与国家、时代的命运紧密相连，成长为德智体美劳全面发展的社会主义建设者和接班人。

第二，案例丰富，通俗易懂。立足中职学生特点，在巩固理论知识的同时，增加案例和故事，增强可读性，以帮助学生深入理解劳动精神、劳模精神和工匠精神，有益于学生自觉体悟、自主践行这些精神。

第三，体例多样，形式活泼。设有"学习目标""课堂导入""想一想""名人名言""总书记语录""探究与分享"等多个板块，鼓励学生踊跃参与，有助于培养学生的团队协作精神，提升学生的表现力。

第四，四位一体，工学结合。本教材将劳动精神、劳模精神、工匠精神与劳动实践统筹设计，避免教师单方面向学生灌输枯燥的纯理论知识。

第五，随时随地，"码"上学习。全书配置学习资源，便于学生随时随地扫码自主学习。

本教材由河北省科技工程学校谷世宏、杨潇楠、杜亚娟担任主编，保定市女子职业中专高红梅、唐山市曹妃甸职业技术中心杨景悦担任副主编，河北省科技工程学校张倩、赵悦、杨一楠担任参编。

本教材难易适中、适用面广。适合不同基础的读者学习和参考，可作为职业院校学生教材使用。

本教材由河北省科技工程学校党委书记张韶斌担任主审。在编写过程中，张书记在百忙之中对教材全稿提出了宝贵意见和建议，在此表示衷心感谢。

本教材在编写过程中使用了部分案例和图片，在此向这些案例和图片的版权所有者表示诚挚的谢意！由于客观原因，我们无法联系到您。如您能与我们取得联系，我们将在第一时间更正任何错误或疏漏。由于编写时间仓促，书中难免存在不完善之处，敬请各位读者批评指正，以便今后修订时更改完善。

目 录

理论篇

第一章 劳动精神 ··· 001
　第一节　认知劳动 ··· 002
　第二节　新时代劳动价值观 ··· 010
　第三节　劳动精神的内涵 ··· 015

第二章 劳模精神 ··· 023
　第一节　解读劳模本质 ··· 024
　第二节　探究劳模精神 ··· 027
　第三节　学习劳模品质 ··· 030
　第四节　践行劳模精神 ··· 035

第三章 工匠精神 ··· 043
　第一节　工匠精神的内涵 ··· 044
　第二节　工匠精神的当代价值 ··· 048
　第三节　传承弘扬工匠精神 共建共享美好社会 ··· 053

第四章 大国尚技 ··· 059
　第一节　绘制梦想蓝图 ··· 060
　第二节　练就过硬本领 ··· 064
　第三节　技能成就梦想 ··· 069

第五章 劳动安全与保护 ··· 077
　第一节　劳动安全 ··· 078
　第二节　劳动保护 ··· 087

实践篇

第六章 生活劳动 107
  任务一 衣之有形 108
  任务二 食之有味 113
  任务三 用之有道 116
  任务四 居之有序 119
  任务五 家政娴熟 123
  任务六 传统手工艺 127

第七章 社会劳动 133
  任务一 文化校园 134
  任务二 绿色环保 139
  任务三 垃圾分类 145
  任务四 公益活动 151
  任务五 志愿服务 156
  任务六 勤工俭学 163

第八章 专业劳动 165
  任务一 冰箱清洁 166
  任务二 数控机床保养 168
  任务三 汽车清洁 171
  任务四 电脑除尘 173
  任务五 商品橱窗设计 175
  任务六 农副产品拍摄 177
  任务七 会计凭证装订 179

参考文献 183
版权声明 185
与本书配套的二维码资源使用说明 187

理论篇

第一章
劳动精神

学习目标

知识目标

1. 认识开展劳动教育的意义,体悟劳动是改善生活的必要手段。
2. 了解劳动实践的三种形式。
3. 知道正确的劳动价值观内容。

素质目标

1. 热爱劳动,尊重普通劳动者,树立正确的劳动价值观。
2. 在日常生活中培养勤奋求实的精神。
3. 将劳动内化为行为习惯,自觉进行劳动实践。

第一节　认知劳动

劳动创造美好生活

金米村位于秦岭深处，曾经是极度贫困村，近些年，在扶贫政策和扶贫干部的支持和帮扶下，村里建起了培训中心、智能联栋木耳大棚，发展木耳、中药材、旅游等产业。柞水木耳成了很多人追捧的网红产品，一位经营网店的村民说，他们昼夜赶工，柞水木耳仍然供不应求。村民们用劳动和创造实现了整村脱贫，唱响了大山深处的奋进之歌。

2020年是脱贫攻坚决战决胜之年。金米村的故事，是贫困地区人民群众在党和政府的关怀和帮助下，用劳动创造美好生活，打赢脱贫攻坚战的缩影。人民群众充分发挥积极性、主动性、创造性，在党和政府的帮扶下，用劳动和智慧改变了生活、创造了历史。

与金米村村民一样，云南省西双版纳傣族自治州的哈尼族青年爬图也用辛勤劳动创造了美好生活。因为偶然看到一场养蜂直播，爬图开启了养蜂之路。刚开始养蜂时，家里所有人都反对，觉得这样做不靠谱。爬图确实遇到了喂养不当导致的蜂蛹脱落、死亡等问题，他经过钻研，使用蜂蜜、蚂蚱、活体小蜜蜂搭配喂养，问题得到了明显改善。除了小蜜蜂，爬图又在网络上学习新技术，养殖胡蜂和虎头蜂。随着技术逐渐成熟，爬图的养蜂事业蒸蒸日上。通过年复一年的辛劳付出，爬图一家人不仅摆脱了贫困，还购置了一辆越野车。爬图说："现在国家政策好，对我们少数民族帮助也多，我们的生活比以前好多了，只要不懒惰，生活肯定会越来越好。"

💡 想一想

1. 金米村是如何脱贫的？哈尼族青年爬图是如何发家致富的？
2. 案例中的两个故事说明了什么道理？

一、劳动概述

劳动在人类社会形成的过程中起着重要的作用。劳动是人类的本质特征，社会上一切物质财富与精神财富都是靠劳动创造的，可以说，没有劳动，就没有人类的生存和发展。我国宪法规定，劳动是公民的权利和义务。

（一）劳动的概念

所谓劳动，是指人们运用一定的生产工具，作用于劳动对象，创造物质财富和精神财富的活动。因此，可以说劳动是人类社会存在和发展的最基本条件。

（二）劳动的分类

按照不同的分类标准，我们可以把劳动分为简单劳动和复杂劳动、脑力劳动和体力劳动、具体劳动和抽象劳动、技术性劳动与非技术性劳动等。

（三）劳动的价值

劳动是人类社会存在与发展的基本前提，是创造物质世界和人类历史的根本动力。劳动创造了人，劳动创造了社会，劳动创造了文明。劳动改变世界，劳动创新思维，劳动锤炼品格，劳动创造幸福，劳动是一切欢乐和一切美好事物的源泉。

二、劳动创造美好生活

（一）财富之源，能者劳之

人类早期的劳动主要就是体力劳动。劳动不仅是人类生产生活的基本手段，同时也是财富的源泉。国家的发展兴旺最终离不开劳动生产的物质财富积累，劳则国富民强，不劳则国贫民饥。

◆ 知识链接 ◆

诗词中的劳动之美

中华历史悠悠五千年，文人墨客篇篇农事诗。中华民族自古便是勤劳的民族，翻阅我国古代诗歌作品，我们会发现许多关于古人辛勤劳动的诗篇，诗人们歌颂劳动之美，抒发劳动之乐（图1-1）。

《诗经》是我国最早的诗歌总集，风、雅、颂的篇章里处处可见古人劳动的景象。《周南·芣苢》诗曰："采采芣苢，薄言采之。采采芣苢，薄言有之。采采芣苢，薄言掇之。采采芣苢，薄言捋之。采采芣苢，薄言袺之。采采芣苢，薄言襭之。"这是农妇们在田野间采摘车前草（苤苢一说为车前草，另一说为萹蓄，这里采用前者）时的乐歌，其中劳动的动作有"采、有、掇、捋、袺、襭"六种。她们唱着欢快的歌儿，在田野里忙碌着采摘车前草，充满对美好明天的憧憬和向往，这首乐歌热情歌颂了劳动人民热爱劳动的高贵品质。

图1-1　古人辛勤劳动的场景

此外，还有采桑歌（《魏风·十亩之间》）、收割谣（《周颂·良耜》）、丰收歌（《周颂·丰年》）、牧羊曲（《小雅·无羊》）。除了农事活动，还有建设者之歌，例如，《大雅·绵》是一首大气磅礴的创业者颂歌，记载了周人为了生存与发展，进行一次全国性迁徙，开辟疆土，建设家园的劳动场景。特别是修筑宫室宗庙的劳动场面，写得轰轰烈烈，多用排比，情景一体，充满了浓郁的生活气息。值得一提的，是我们耳熟能详的《魏风·伐檀》："坎坎伐檀兮，置之河之干兮，河水清且涟猗。不稼不穑，胡取禾三百廛兮？不狩不猎，胡瞻尔庭有县貆兮？彼君子兮，不素餐兮！"它写出了奴隶们砍伐檀木、造车置具的劳动场景，同时也痛斥了奴隶主的不稼不穑和坐享其成。有意思的是，后人还把这首传诵千古的名篇改成了伐木工人一起唱和的劳动号子，加上了"嘿嘿哟嗬、嗨哟嗬、哎嗨哟"等喊号子的语气词，将民间的劳动号子与专业的讽刺歌曲结合在一起，使其动态感、节奏感、场面感更强，讽刺意味更浓。

（二）劳动创造世界，劳动改变世界

劳动是人有意识地、自觉地改变环境、改变世界的活动，是人类社会赖以生存和发展的前提，劳动不仅创造了人，创造了社会，创造了世界，还是推动人类社会发展进步的根本力量。

1. 劳动创造了人本身

人的实践活动是具有自主性的。人的主观能动性，使得人可以认识、利用自然，能够从自然中获取生存和发展所需要的物质条件，从而制造出更多的生产工具为己所用。人们通过实践认识客观规律，从而使客观规律为人所用，因此，劳动是人与自然相互联系、相互作用的媒介，它从本质上将人与动物区分开来，从而创造了人本身。

> 劳动是整个人类生活的第一个基本条件，而且达到这样的程度，以致我们在某种意义上不得不说是劳动创造了人本身。
>
> ——恩格斯

2．劳动创造了人与人之间的内在联系，构成了人类社会

劳动促成了物质资料的生产和使用，以及人与人之间的分工与协作。人人都需通过一定的物质生活资料，获得生存与发展，而物质生活资料又是人与人共同劳动的产物，因此，劳动创造了人与人之间的内在联系，构成了人类社会。

> 人的本质不是单个人所固有的抽象物。在其现实性上，它是一切社会关系的总和。
>
> ——马克思

3．劳动是推动人类社会发展进步的力量

幸福不会从天而降，梦想不会自动成真，社会发展的根本力量是人的劳动实践。人民创造历史，劳动开创未来。人类必须通过劳动生产出生存必需的物质资料，从而产生了生活和历史。

> 任何一个民族，如果停止劳动，不用说一年，就是几个星期，也要灭亡，这是每一个小孩都知道的。
>
> ——马克思

三、美好生活离不开勤劳的美德

（一）勤劳是中华民族千百年来的行为倡导和传统美德

辛勤劳动反映的勤奋、敬业、埋头苦干的精神，是中华优秀传统文化的现实体现，也是对劳动者的基本要求。中华儿女用劳动创造了美好生活、创造了灿烂文化。万里长城、龙门石窟、大运河、都江堰（见图1-2）、记里鼓车（见图1-3）、榫卯结构（见图1-4）……无一不是凝聚劳动人民勤劳智慧的伟大成就。

图1-2 都江堰

图1-3 记里鼓车

图1-4 榫卯结构

◆ 知识链接 ◆

古人智慧的结晶——榫卯结构

俗话说"榫卯万年牢",其不用一颗铁钉,仅靠榫卯工艺,便可做到扣合严密、间不容发,使用百年而依旧坚固。榫卯结构在我国建筑史上起到了至关重要的作用。

榫卯结构,是古代中国建筑、家具及其他器械的主要结构方式,是在两个构件上采用凹凸部位相结合的一种连接方式。凸出部分叫榫(或榫头),凹进部分叫卯(或榫眼、榫槽)。可以说,榫卯结构是我国工艺文化精神的传承,起源于距今约7000年前的河姆渡时期,历史比汉字还要悠久。有人认为榫卯结构工艺是可以媲美京剧的中国国粹,它不仅外形精致唯美,而且遵循力学原理,实用性极强,不易锈蚀,又方便拆卸。如今来看这些经典的榫卯结构,我们仍会感叹这惊艳世界的中国之美。

榫卯结构历经数千年发展,其中明清家具的制作几乎用到了所有的榫卯种类,展现了榫卯结构进化的最终样式。作为一种技艺,榫卯结构组合的家具比用铁钉连接的家具更加结实耐用。首先,榫卯结构是木件之间多与少、高与低、长与短的巧妙组合,可限制木件向各个方向的扭动,而铁钉连接的家具就做不到这样。其次,金属容易锈蚀或氧化,我们经常会发现许多明式家具虽已距今百年,但木质仍坚硬如初,如果用铁钉组合这样的家具,很可能木质完好,但铁钉的锈蚀、老化等因素,也会使家具散架。除耐用外,榫卯结构的制品还有利于运输和维修等优势。

历数榫卯结构，其大致可分为三大类型。第一类主要是做面与面的接合，可以是两条边的拼合，也可以是面与边的交接构合。如"槽口榫""企口榫""燕尾榫""穿带榫""扎榫"等。第二类是作为"点"的结构方法，主要用作横竖材丁字接合、成角接合、交叉接合以及直材和弧形材的伸延接合，如"格肩榫""双榫""双夹榫""勾挂榫""锲钉榫""半榫""通榫"等。第三类是将三个构件组合在一起并使其相互连接的构造方法，这种方法除运用以上一些榫卯结构外，还会运用一些更为复杂和特殊的技巧，如常见的"托角榫""长短榫""抱肩榫""粽角榫"等。三类结构的优势各不相同，但总的来说，这些不同的结构都显示了我国古人的智慧。

榫卯是我国劳动人民智慧的结晶，含而不露，透露着儒家思想的平和中庸；内蕴阴阳，相生相克，以制为衡，又闪耀着道家思想的光辉。由此可见，榫卯技术表象背后隐含着古人对世界的理解，是意识形态和价值观的一种体现。

（二）新时代的我们需要继续弘扬勤劳美德

不论经济怎样发展，我们的社会怎样进步，观念怎样转变，辛勤劳动创造美好生活的本质不会发生改变。进入新时代，每一次探索与进步，无不与亿万劳动者的辛勤劳动紧密联系在一起。作为新时代的中职生，我们更应该继续弘扬勤劳美德，为创造幸福生活而不懈奋斗！

◆ **拓展阅读** ◆

石家庄小伙尹景波：我送"长五"上青天

2020年5月5日18时，中国文昌航天发射场指挥控制大厅内，当01指挥员下达"点火"口令时，控制系统发控台操作手尹景波沉着坚定地按下了"点火"按钮，几秒钟后，只见长征五号B运载火箭从发射塔架上腾空而起，直冲云霄。当听到"船箭分离"时，大厅中的岗位人员欢呼雀跃，激动地相互拥抱庆祝。尹景波也激动不已，他等待这一刻已有8年之久，这"轻轻一按"，让他觉得之前所有的付出都是值得的。

尹景波1989年出生，石家庄灵寿县人。他2012年从西安交通大学硕士毕业后，就职于中国文昌航天发射场，先后参与发射场设备系统、控制系统软硬件建设等工作。

长征五号B运载火箭任务自2020年春节前就开始执行，同时并行开展长征七号火箭任务，身兼多岗的尹景波十分忙碌。在长征七号火箭分系统进行匹配测试时，作为控制系统箭上二级岗位操作手的尹景波，一早就到了测试厂房，开始做地面增压测试准备工作。撤收等效器、恢复电阻盒状态、连接电池插头……一系列动作一气呵成。他松了松口罩，沉稳地报告："120，箭上二级状态准备好，人员就位好！"看看钟表，8点32分。来不及休息，尹景波迅速脱下防静电大褂，匆忙走出测试厂房。按照计划，他要在8点40分赶到位于测试厂房200米外的指挥控制大厅，参与长征五号B运载火箭的测试任务。因为他还有另外一个重要身份：长征五号B运载火箭任务发控台操作手，负责为火箭按下"点火"按钮。长征五号火箭的测试工作持续了一个半小时，看看时间，10点20分，刚刚好。他迅速整理好发控台，又返回长征七号火箭测试厂房，组织岗位人员撤收控制系统相关设备。

新冠肺炎疫情暴发以来，几乎每一天，尹景波都要这样在两个岗位之间来回切换。"金手指"属于发射场重中之重的岗位，一般情况下不会再负责别的岗位的工作。可疫情的发生导致系统内一时间人手紧缺。正加紧备战长征五号B运载火箭任务的尹景波主动申请顶替长征七号任务箭上二级因疫情不能归队的岗位人员。为此，他要完成双倍的工作量，付出双倍的努力。繁忙的工作没有让尹景波感觉到沉重，反而让他每天都处在充实与幸福中。成为发射场第三位"金手指"，充分在岗位上发光发热，实现自我价值，的确是件很幸福的事情。尹景波还清晰地记得，一年前，系统指挥员找到他，让他负责长征五号B运载火箭任务发控台岗位的工作，他虽然表现得很从容，内心却兴奋异常。发射场每一名科技人员都有一个"金手指"梦，他也不例外。尹景波很清楚，发控台是地面测试系统的核心设备，需要对整个控制系统测试的流程和设备原理很熟悉，需要熟练掌握每一个按钮的作用和每一个参数所代表的含义。钻研图纸、背记发控台上几十个按钮及数百个参数、请教前辈、撰写笔记，成了尹景波那段时间工作和生活的全部内容。

付出终有回报。经过精心准备，尹景波顺利通过了严格的上岗考核，以优异的成绩拿到了"金手指"的资格证，他也是2016年文昌航天发射场投入使用以来第三任控制系统发控台操作手。

"工作再多也不嫌多，再苦也不怕苦，就是对家人有些愧疚！"家就在二十多千米外，因疫情的原因，尹景波已经近两个月没有回家，想到独自带着孩子在家隔离的爱人，这个航天小伙的眼神中流露出忧伤。

在长征五号B运载火箭任务成功后，尹景波说："紧张的心情刚刚平复，我这一辈子都不会忘记此刻，我此刻感觉多年来的付出很值，家人在此刻应该更能认识、理解我们航天人。"

据了解，尹景波及其同事在2020年春季前就已投入到此次首飞任务中，在任务并行、疫情防控、形势严峻的情况下，这群年轻的文昌航天人，勇挑责任重担，直面挫折失败，克服重重困难，表现出坚韧不拔的毅力品质。这支队伍在进军太空的征程中，一定能够继续保持这种难能可贵的作风品质，再续航天新篇章。

当今社会部分同学毕业后不想工作，一心想当"网红"，作为新时代的中职生，请站在弘扬勤劳美德的角度，谈一谈你的想法。

（三）出彩中国人，关键靠奋斗

新时代是奋斗者的时代。回顾中华人民共和国的历史，我们从站起来到富起来，再到强起来，久经磨难的中华民族在百折不挠的奋斗中迎来了伟大飞跃。习近平总书记曾在2018年春节团拜会上强调："中国的伟大发展成就是中国人民用自己的双手创造的，是一代又一代中国人接力奋斗创造的。"世上本就没有坐享其成的事，我们要为幸福而奋斗，在奋斗中谋取幸福。

1.认知劳动

总书记语录

劳动创造幸福，实干成就伟业。希望广大劳动群众大力弘扬劳模精神、劳动精神、工匠精神，勤于创造、勇于奋斗，更好发挥主力军作用，满怀信心投身全面建设社会主义现代化国家、实现中华民族伟大复兴中国梦的伟大事业。

——2021年5月，向全国广大劳动群众致以节日的祝贺和诚挚的慰问

◆知识链接◆

图1-5　习近平2018年春节团拜会讲话金句

第二节 新时代劳动价值观

"精品与废品的距离只有0.01毫米,成功与失败的差别仅在于能否全情投入"

在中央电视台《开讲啦》栏目中与主持人撒贝宁"对侃",以黑龙江省总工会兼职副主席的身份参加会议、学习、调研……

在很多人的眼中,秦世俊变了,他不再仅仅是过去那个穿着工服在车间里忙碌的工人。但事实却告诉人们,他,一点儿都没变。

秦世俊是个爱钻研的人,业余时间都被他用来钻研数控技术。他研读了十几本专业书籍,学习笔记堆起来有半米高。一次,在加工某型飞机的关键零件时,由于法国专家对零件加工精度和表面质量要求高且加工周期短,厂里面临困难。这时,秦世俊主动请缨,与法国专家反复研讨、交流和试验,最终确定了加工方法。法国专家是两人倒班跟踪生产,而他却是一人全天候作业。当一个个零件完美出炉时,挑剔的法国专家禁不住竖起了大拇指。

扭轴是某型飞机的关键部件,由于精度要求高、加工难度大、时间节点紧,这个零件成了"烫手的山芋",车间里一时没人敢接手这项工作。秦世俊再一次迎难而上。长长的轴体需要与机床平行装夹,一端固定住了,另一端就会产生倾斜。为解决零件的装夹问题,秦世俊研制出一套可分解的抱胎夹紧工装。为不耽误正常生产,他把试验安排在夜里12点以后,经常一干就是一个通宵。一次次试验,一次次失败,巨大的挫折感和压力笼罩在他的心头。但他没有放弃,经过3天20多次的改进,这套工装终于在轴体的中间位置形成了有效支撑,保证了加工精度,并将生产效率提高了4倍(见图1-6)。

秦世俊常说:"精品与废品的距离只有0.01毫米,成功与失败的差别仅在于能否全情投入。"精益求精的工匠精神已使他养成了良好的工作习惯。一次次摘取业界技能之冠的时候,秦世俊想得最多的不是个人的功与名,而是集体的发展。他说:"一花独放不是春,百花齐放春满园。只有技能工人的队伍真正强大了,我们的'航空梦'才能早日实现。"2018年11月,秦世俊获得第十四届"中华技能大奖",全国仅有30人获奖。37岁的秦世俊,是中国航空工业哈尔滨飞机工业集团数控铣工高级技师、最年轻的首席技能专家。参加工作18年,他累计完成了28年的工作量,实现技术创新、小改小革715项,创造经济效益

600多万元，先后获得全国五一劳动奖章、全国技术能手、全国劳动模范等荣誉。他在传承和弘扬工匠精神中，以奋斗的青春书写着产业工人的英雄传奇。

①

②

图1-6 秦世俊正在工作[1]

19岁那年，心怀航空事业梦想的秦世俊从哈尔滨飞机工业（简称哈飞）技校模具钳工专业毕业，被安排到哈飞数控铣工岗位。由于数控是个新兴专业，毫无基础的他只能帮师傅打下手。对此，他曾抱怨："我来哈飞是为了造飞机，不是干些没有技术含量的体力活儿。"身为劳模的父亲开导他："不要怕改专业，数控技术是未来的发展趋势，是新时期产业工人必须掌握的本事。"父亲的话让他重新认识了自己的工作，他渐渐喜欢上了数控铣工这个岗位。

秦世俊先从普通铣床练起，在实践中细心体会铣削加工的要领。熟练后，他转战数控机床，从零件装夹、机床操作等基础知识开始学起。为尽快提高技能，他常常下班后继续留在单位向夜班师傅学习。有一年，直九型飞机起落架外筒腹板加工遇到难题。由于零件的数模和锻造的外形差异过大，不能使用数字化完全加工，需要常年手动加工，效率低、质量不稳定、劳动强度大。秦世俊凭着初生牛犊不怕虎的劲头，勇敢尝试通过编程实现数字化一体化加工。经过反复试验和改进，这项技术终于取得成功，生产效率提高了8倍，零件的一次交检合格率达到100%。

入职不满1年，在哈尔滨市数控工人技术比赛中，秦世俊取得了第三名的好成绩，晋升为高级工。入职4年后，他凭借执着奋斗的精神脱颖而出，成为厂里最年轻的数控铣工高级技师。

多年来，秦世俊把十几年摸索出来的技能和经验毫无保留地传授给徒弟们，带领大家反复演示，力争让徒弟在最短的时间内掌握要领。他先后带徒11名，现已有1人晋升为高级技师，2人晋升为技师，8人晋升为高级工。

2014年，中国航空工业哈尔滨飞机工业集团创建了以秦世俊领衔的高技能人才（劳模

---

[1] 资料来源：①东北网.用奋斗的青春书写产业工人传奇 记航空工业哈飞高级技师秦世俊[EB/OL].(2020-5-14). https://baijiahao.baidu.com/s?id=1666655478972033323&wfr=spider&for=pc.

②看航空.这8位获得技能最高奖励的航空人被表彰![EB/OL].https://baijiahao.baidu.com/s?id=1622964336556688054.

创新工作室，重点围绕飞机起落架和旋翼零部件生产开展技术创新、技术攻关和技能传授等工作。身为团队的领头人，秦世俊引领大家创新攻关、分享经验、传承技术，朝着高素质、高技能的目标迈进。有位数控铣工在加工高精度零件中遇到困难，一度有些灰心。秦世俊听说后主动与他沟通，把自己编写的数控加工资料送给他，并手把手地示范，终于帮助他闯过了技术难关。有一次，某工段在加工某一批零件时反复出现零件变形、尺寸超差问题，他当即指导工作室的3名技术人员逐一排查生产流程记录，进行"会诊"，最终使问题得到解决，首件试制符合图纸要求且一次通过检验，该批次零件一次交检合格率由原来的10%提高到了99.9%。

而今，秦世俊领衔的高技能人才（劳模）工作室成员都已成长为哈飞科研生产的骨干，工作室也被中华全国总工会命名为"全国示范性劳模和工匠人才创新工作室"。为此，企业干部职工称赞道："一名劳模擎起一面旗帜，一个工作室带出一个创新团队。"

案例中，秦世俊具有怎样的劳动价值观？

2.新时代劳动价值观

劳动是中华民族的传统美德，更是新时代追求卓越、奋勇前进的精神力量。习近平总书记在全国劳动模范和先进工作者表彰大会上指出，劳动是一切幸福的源泉，在长期实践中，我们培育形成了崇尚劳动、热爱劳动、辛勤劳动、诚实劳动的劳动精神。新时代正确的劳动价值观应该是崇尚劳动、热爱劳动、辛勤劳动、诚实劳动。正确的劳动价值观引领我们前行，为我们创造动力，是人生出彩的金钥匙，也是创造美好生活的必经之路。新时代、新征程，我们必须树立正确的劳动价值观。

一、崇尚劳动

劳动是人类的本质活动，劳动光荣、创造伟大是对人类文明进步规律的重要诠释。全面建成小康社会后，我们还要将我国建设成为富强民主文明和谐美丽的社会主义现代化强国，根本上是靠劳动、靠劳动者创造。

我们要崇尚劳动，让劳动者更光荣。无论时代条件如何变化，我们始终都要崇尚劳动、尊重劳动者，始终重视发挥工人阶级和广大劳动群众的主力军作用。

要引导广大人民群众树立辛勤劳动、诚实劳动、创造性劳动的理念，让劳动光荣、创造伟大成为铿锵的时代强音，让劳动最光荣、劳动最崇高、劳动最伟大、劳动最美丽的风尚蔚然成风。

劳动永远是人类生活的基础,是创造人类文化幸福的基础。

——马卡连柯

二、热爱劳动

劳动光荣是永恒的主题,不劳而获是可耻的,这在古今中外都是人们认可的道理。苦干加实干是每一个劳动者都应该具备的基本素质,否则,劳动者就没有了根。而创造伟大是一个反映时代特征的新理念,赋予了劳动新的内涵。

我们要始终坚持人民主体地位,充分调动工人阶级和广大劳动群众的积极性、主动性、创造性。要尊重人民首创精神,要拜人民为师,甘当小学生,把蕴藏于工人阶级和广大劳动群众中的无穷创造活力开发出来,把工人阶级和广大劳动群众的智慧和力量凝聚到推动各项事业上来。

觉得人生求乐的方法,最好莫过于尊重劳动。一切乐境,都可由劳动得来,一切苦境,都可由劳动解脱。

——李大钊

三、辛勤劳动

人生在勤,勤则不匮。辛勤劳动,既有"辛",也有"勤"。中国特色社会主义进入新时代,中华民族迎来了从站起来、富起来到强起来的伟大飞跃。有人将中国的发展奇迹称为"勤劳革命"。的确,正是中国人的辛勤劳动与奋斗,将不可能变成了可能,中国用几十年时间走完了发达国家几百年走过的工业化历程,成长为世界第二大经济体。

世间没有一种美好生活,可以不经过辛勤劳动获得。无论是大国还是小家,辛勤劳动都是财富之源。只有通过勤奋不懈的努力,才能不断地为国与家创造财富,实现国的富强和家的富裕。

要工作、要勤劳,劳动是最可靠的财富。

——拉·封丹

四、诚实劳动

诚实劳动是辛勤劳动的延伸和表现，是创造性劳动的重要前提。诚实劳动，是指劳动者以积极、实干、诚信的态度为他人和社会提供产品和服务，它要求我们积极主动、在不违背法律法规的前提下从事劳动。

要做到诚实劳动，我们可以从以下三个方面入手。其一，我们应对所从事劳动必备的知识、技能、技巧有正确的认识，对自我劳动素质做出理性判断和合理的自我定位。其二，要立足岗位，踏实劳动，求真学问，练真本领。其三，应实事求是地对待劳动成果，摒弃虚假之风，反对一切不劳而获和投机取巧的行为，积极弘扬新时代劳动精神、劳模精神和诚信文化，依靠诚实劳动实现人生梦想。

于个人而言，唯有诚实劳动，才能更好地保障和实现人的自由本质，积累体面劳动和全面发展的"资本"。于国家而言，诚实劳动是提升国力的基石和坚守国格的精神基因。

总之，人世间的美好梦想，只有通过诚实劳动才能实现；发展中的各种难题，只有通过诚实劳动才能破解；生命里的一切辉煌，只有通过诚实劳动才能铸就。

 探究与分享

通过前三章内容的学习，请同学们梳理劳动精神、劳模精神和工匠精神三者之间的关系，绘制思维导图，并展示分享。

总书记语录

要在学生中弘扬劳动精神，教育引导学生崇尚劳动、尊重劳动，懂得劳动最光荣、劳动最崇高、劳动最伟大、劳动最美丽的道理，长大后能够辛勤劳动、诚实劳动、创造性劳动。要采取适应当前环境和条件的有效措施，加强劳动教育，组织好形式多样的劳动实践，让学生在实践中养成劳动习惯，学会劳动、学会勤俭。

——2018年9月10日，在全国教育大会上的讲话

 知识链接

方文墨：从"文墨精度"到大国工匠

方文墨是沈阳飞机工业（集团）有限公司标准件中心钳工、高级技师、方文墨班班长、航空工业首席技能专家。

方文墨拥有以自己的名字命名的"文墨精度"。最近几年，他先后获得"盛京大工匠""辽

宁大工匠""大国工匠"荣誉称号,在所有获得这些荣誉称号的工匠里,他是最年轻的一位。

方文墨初中毕业后没有和同龄人一样考高中、上大学,而是延续父辈的事业,考入沈飞技校学习技能,18岁时以钳焊专业第一名的成绩被分配到沈阳飞机工业集团(简称沈飞)工作。他前后经过了两次破格晋升,在25岁时成为沈飞历史上最年轻的高级技师,26岁时成为该工种最年轻的全国钳工冠军,28岁时成为辽宁省和沈阳市特等劳动模范及全国五一劳动奖章获得者,29岁时成为航空工业集团最年轻的首席技能专家,31岁时成为国家级方文墨技能大师工作室创领人,34岁时享受国务院特殊津贴。2013年5月4日、2016年4月26日,他分别作为优秀青年代表和劳动模范代表,受到习近平总书记的亲切接见。

技能改变命运。方文墨说:"只要我们肯吃苦,耐得住寂寞,刻苦练习,钻研技能,我们就可以用技能的精度,改变人生的高度。"方文墨的家人大多是航空工人,姥姥、姥爷、爸爸、妈妈以及他的妻子都是沈飞的一线职工。年幼时,家里的长辈就是他的偶像。参加工作后,方文墨参与生产、研制的机型众多,圆了长辈没有实现的梦想。

飞机是高精尖的特殊产品,每个零部件不仅本身的精度要达到头发丝的几分之一,甚至是十几分之一,而且还要保证装配和拆卸毫无障碍,对质量和技术要求都极高。他所在的标准件厂生产的零件就像把飞机成千上万个零部件连接成为一个整体的"黏合剂",方文墨班就负责为这些"黏合剂"做最后一道手工精密加工。工作的高要求促使他在实际操作中不断总结经验,先后解决了生产方面的诸多问题,并获得12项国家发明专利。通过多年的工作实践,他的徒弟也先后获得省、市、全国钳工工种技能竞赛冠军,使钳工技能在沈飞从80后向90后有了时代的交接。

方文墨说:"我们赶上了重视技能人才的时代。近几年,全社会大力弘扬劳模精神和工匠精神,使我们有了施展才华的广阔天地。我们一定要把自己的命运和国家的命运联系在一起,只有国家强大了,我们才能有更大的作为。"

第三节　劳动精神的内涵

"农民"袁隆平

袁隆平成长的年代,正值日寇的铁蹄践踏中国。年幼的他随父母四处迁徙,尝尽逃难的艰辛。火光冲天、尸横遍野的悲惨景象让袁隆平从小就懂了一个道理:弱肉强食。从那时起，他就下定决心和祖国同呼吸、共命运。

因为兴趣所在，他在大学填报志愿时选择了学农。当时的农村贫穷落后，他立志改造农村，为农民做实事。大学期间，他阅读了国内外多种农业科技杂志，对学术孜孜以求。年轻学子袁隆平对权威学者并不盲从，他常对搜罗到的各国学术书籍进行仔细研究，认真感悟、分析，最后得出自己的结论。他始终坚信吸收科学知识更重要的是靠理性来判断其价值，这显示出一个青年人大胆的思辨能力和缜密老练的思维能力。

大学毕业后，踌躇满志的他远离了繁华的都市，选择了偏远的湘西农村。在农校教书的日子里，他利用课余时间走出课堂，走向田埂。烈日当空，农民在榕树下歇息，袁隆平依然头顶烈日，在田里劳作。

一个偶然的机会，他发现一株"鹤立鸡群"的稻株，由此灵感一现，萌生了培育杂交水稻的念头。然而，袁隆平的设想与传统的经典遗传学观点相悖，许多权威学者反对甚至嘲笑他的设想。但他在反复思考、探索之后，更加坚信自己的想法。

为了找到合适的稻株，他吃了早饭就下田，带着水壶与馒头，一直到下午四点左右才返回。艰苦的条件和不规律的饮食，让他患上了肠胃病。六七月份的天气，他每天都手拿放大镜，一垄垄、一行行、一穗穗，大海捞针般在几千几万株稻穗中寻找，汗水在他的背上结成盐霜，他的皮肤被晒得黑里透红，这份毅力让连常年扎在水田里的农民都自叹不如（见图1-7）。

图1-7　袁隆平在田间[1]

正是凭着这种坚忍不拔、勇敢顽强的意志，在勘察了14万余株稻穗后，经过两年的探索、试验和研究，他终于写成引起国内外科技界高度重视的"惊世"论文《水稻的雄性不孕性》。从此，"杂交水稻"这四个字伴随了袁隆平的一生，成为他毕生不懈追求的事业。

袁隆平的生活是艰辛的，但"让所有人都吃饱饭，不再挨饿"的诺言却让他的意志异常坚定，每当遇到阻力的时候，他都告诫自己戒骄戒躁，为长远打算。他带领助手到海南

---

[1] 资料来源：飞少娱乐室．袁隆平院士称：我国粮食不够吃，那我们会不会饿肚子？[EB/OL]．(2020-05-15)．https://www.163.com/dy/article/FCMHTI4I053734DK.html.

开展试验，连续 7 年春节都在海南度过，遇到台风暴雨天气，他们就卸下门板，将秧苗抱到门板上，将它们转移到安全的地方；即便是在大地震来临时，他们也不顾生命安危保护种子，因为余震不断，为了把试验继续进行下去，他们就在操场的草席上睡了整整三个月……

寒来暑往，草木枯荣。虽然杂交水稻的研究过程面临着许多困难，但袁隆平凭借自己的智慧和执着，将困难一一化解。在潜心研究的过程中，海南"野败"的发现让他欣喜不已，多年来的长途跋涉、不眠不休终于有了重大回报。1974 年，袁隆平在安江农校试种的"南优 2 号"杂交稻亩产 628 公斤，与常规稻亩产 150 公斤相比，简直是巨大的飞跃。

1976 年是我国杂交水稻研究的关键一年。袁隆平和他的助手们用辛勤和勇敢的劳动揭开了我国杂交水稻大面积制种、推广的序幕。

杂交水稻研制成功后，各种荣誉纷至沓来：国内第一个特等发明奖、"杂交水稻之父"、国家首个最高科学技术奖……袁隆平也从一个躬耕田畴的农业科学家成了两院院士、集团董事。面对荣誉，袁隆平有着清醒的认识。社稷黎民，苍生天下，他一直以此为念。"我今生最大的心愿是让杂交水稻更多地造福世界。我希望杂交水稻不仅对建设中国的和谐社会做贡献，也希望它为促进世界和平做贡献，我认为这应该是中国对世界的贡献。"袁隆平如此说。

想一想

劳动不仅创造了中华民族的辉煌历史，也正在推动中华民族迈向伟大的复兴。通过阅读"农民"袁隆平的故事材料，思考当下劳动意味着什么，它的时代价值如何体现。

2020 年初，面对突如其来的新型冠状病毒肺炎疫情，在以习近平同志为核心的党中央的领导下，全国人民众志成城、顽强拼搏。经过艰苦卓绝的努力，全国疫情防控阻击战取得重大战略成果。这些成果凝聚着亿万劳动者的聪明才智、辛勤汗水和牺牲奉献。

在复工复产一线，全国亿万劳动者迎难而上、团结一心，唱响了抗疫时期的"劳动号子"，在希望的田野上，人们抓春耕促生产；在厂房车间里，人们加班加点；在城市大街小巷间，外卖员、快递员穿梭不停；居家办公、"云端"会议让上班族"停班不停工"……亿万有理想、守信念、懂技术、会创新、敢担当、讲奉献的劳动者大军，创造出了令世界刮目相看的"中国速度"，诠释着"人民创造历史，劳动开创未来"的新时代劳动精神。

新时代劳动精神根植于人类优秀的传统劳动文化和劳动理论之中，是对广大劳动者生产劳动实践所做出的高度凝练和概括，是历史与现实、理论与实践相结合的产物。新时代劳动精神内涵丰富，是劳动理念、劳动态度和劳动品德的集中统一。

一、奉行劳动光荣、劳动伟大的劳动理念

劳动理念是人们对劳动价值、意义的根本看法，新时代的中职生必须树立正确的劳动观，正确地认识劳动和实践劳动，明确劳动是推动人类社会进步的根本力量，树立辛勤劳动为荣的价值取向，充分认识到劳动是财富和幸福的源泉。

新时代，我们要奉行辛勤劳动、诚实劳动、创造性劳动的劳动理念。这是因袭了马克思主义理论中关于劳动与人的观点，在中国特色社会主义条件下形成的有关劳动的价值理念。首先，劳动是一种人类活动，劳动创造了人，使自然人向社会人转变；劳动创造了人类生活，实现了人对自然界的改造，把人和自然界区别开来；劳动创造了生产资料，满足了人类生活的物质需求和精神需求；劳动使得人类生活得以优化，人类在劳动中获得幸福感、满足感。其次，劳动产生的物质产品不仅改变了个人的生活，同时推进了全社会的发展。随着人类物质生活水平的提高，人类的精神生活质量也得到相应的提高，人类通过自身力量推动了文明的进步。

中国特色社会主义事业的发展、中华民族伟大复兴都离不开中国人民的辛勤劳动和共同努力。每个人都可以通过自己的劳动为中国特色社会主义事业做贡献，每个人的劳动都是中国特色社会主义大厦不可或缺的组成部分，每个人的劳动都可能创造自身和他人的幸福生活。

伟大的成绩和辛勤的劳动是成正比例的，有一分劳动就有一分收获，日积月累，从少到多，奇迹就可以创造出来。

——鲁迅

二、坚定尊重劳动、热爱劳动的劳动态度

劳动态度是个人对劳动的一种心理倾向，这种心理倾向包括对劳动的认识、情感反应和行为倾向。劳动态度受生活环境、教育程度、行为习惯等因素的影响。劳动态度表现为尊重劳动、热爱劳动的情感投入，以及自觉地将个人价值的实现与劳动的奉献紧密融合。

尊重劳动，把劳动作为人类的本质活动，作为创造财富和获得幸福的源泉，尊重一切有益于人民、造福于社会的劳动者及其劳动价值。热爱劳动是焕发劳动热情，积极投身劳动，珍惜劳动成果，把劳动与实现自身价值紧密结合起来。热爱劳动体现了劳动者递进式的心理变化：一是劳动者积极投身于劳动的意愿；二是在劳动过程中劳动者发现劳动的乐趣、得到劳动的锻炼、保持劳动的热忱；三是劳动者珍惜劳动的成果，从而实现劳动过程与个体价值

的内在统一。

中国创造的几千年辉煌的历史和灿烂的文化，体现着劳动人民投身于劳动的积极热情。中华人民共和国成立初期，我国的生产生活环境落后，生产力不发达，我们在各个领域落后于人。但经过多年的奋斗历程，我国在各个领域取得了很大的进步，这一系列成就离不开广大劳动者尊重劳动、热爱劳动的劳动态度。从个人角度来讲，劳动者通过勤奋工作来改善自己的生活环境。当生活水平越来越高时，恩格尔系数不断降低，劳动者的精神生活也丰富起来。与此同时，劳动者也巩固和提升了爱岗敬业的劳动精神，在劳动过程中更加坚定尊重劳动、热爱劳动的劳动态度。肯学肯钻研，练就一身本领，掌握一手好技术，才能立足岗位成长成才。人们只有热爱自己的工作岗位，才会以严谨的态度对待自己的工作，才会兢兢业业、勤勤恳恳、尽职尽责、忠于职守；也只有对自己的工作尽心尽力，全力以赴，才会在工作中感受到乐趣，享受到快乐，才会有幸福感、成就感、荣誉感，才会更加热爱自己的工作。

幸福存在于生活之中，而生活存在于劳动之中。

——列夫·托尔斯泰

◆ 知识链接 ◆

恩格尔系数

恩格尔系数是食品支出总额占个人收入（消费支出）总额的比重。19世纪，德国统计学家恩格尔根据统计资料，研究消费结构的变化，得出一个规律：一个家庭收入越少，家庭收入（或总支出）中用来购买食物的支出所占的比例就越大，随着家庭收入的增加，家庭收入（或总支出）中用来购买食物的支出比例则会下降。推而广之，一个国家越穷，每个国民的平均收入（或平均支出）中用于购买食物的支出所占比例就越大，随着国家富裕程度的提高，这个比例呈下降趋势。

恩格尔系数在59%以上为贫困，50%～59%为温饱，40%～50%为小康，30%～40%为富裕，低于30%为最富裕。

三、践行辛勤劳动、乐于奉献的劳动品德

劳动精神作为人类的文化产品，它的形成不是无源之水、无本之木，而是依附于人类的生产实践。新时代劳动精神是辛勤劳动、乐于奉献的优良品德的集中体现。

辛勤劳动反映勤奋敬业、埋头苦干的精神，是中华优秀传统文化的现实体现，也是对劳

动者的基本要求。

从劳动实践的角度看，辛勤劳动包括两个层面的含义：一是诚实劳动；二是创造性劳动。诚实劳动是指劳动者脚踏实地、恪尽职守，遵守法律法规和政策，遵循职业道德规范和工作标准，实事求是地认识和对待劳动过程和劳动成果，不窃取他人的劳动成果。劳动精神应包含倡导实现人生梦想、改变自己命运的诚实劳动。创造性劳动是指开创性的劳动，如人类历史上进行的各种原创性发明与创新。在创新驱动发展的时代背景下，一切墨守成规、因循守旧的高投入、低效率的劳动，都将成为我国经济转型的严重阻碍。因此，劳动精神也表现为敢于创新、勇于创新的创新性劳动。

乐于奉献是指主动去做有利于他人或集体的事情，并不追求回报，甚至在关键时刻可以牺牲个人利益。袁隆平就是乐于奉献的代表人物，他不顾现实环境的各种阻碍，始终扎根农田，做一位真正的劳动者，坚持培育杂交水稻。他把个人的理想和中国梦紧密结合，始终发扬辛勤劳动、乐于奉献的劳动品德，丰富和发展了新时代的劳动精神。中职生在实现自身理想的过程中，不可能总是一帆风顺的，有时也会遇到坎坷，而拥有正确的劳动品德，就能善于从劳动中发现真善美，体验劳动的快乐和幸福，就会愈挫愈勇，保持韧性，最终战胜一切困难和挫折，实现自己的人生价值，为国家的繁荣和人类社会的进步做出应有的贡献。

3.劳动精神的内涵

名人名言

奉献无止境。
——钟南山

探究与分享

结合案例，探究我们应该具备怎样的劳动精神。

总书记语录

伟大出自平凡，英雄来自人民。面对这次突如其来的疫情，从一线医务人员到各个方面参与防控的人员，从环卫工人、快递小哥到生产防疫物资的工人，千千万万劳动群众在各自岗位上埋头苦干、默默奉献，汇聚起了战胜疫情的强大力量。希望广大劳动群众坚定信心、保持干劲，弘扬劳动精神，克服艰难险阻，在平凡岗位上续写不平凡的故事，用自己的辛勤劳动为疫情防控和经济社会发展贡献更多力量。

——2020年4月30日，给郑州圆方集团全体职工的回信

◆ 知识链接 ◆

禾下乘凉梦

袁隆平精神是一种不唯书、不唯上、不"四唯",只唯实,团结协作,勇攀高峰的科学精神。这种精神是由袁隆平、周开达、杨守仁等一代农业科学家创建的,他们一生都在为中国粮食安全不懈努力,不断探索水稻的增产道路,解决中国人自己的粮食问题。

这是一辈子躬耕田野的科技精神。袁隆平的一生,不在家,就在试验田;不在试验田,就在去试验田的路上。从1964年开创杂交水稻研究,1997年开展超级杂交稻研究,2000年、2004年、2011年、2014年分别实现了大面积示范每公顷10.5吨、12吨、13.5吨、15吨的目标,到2020年实现周年亩产稻谷3000斤的攻关目标……一次次重大技术创新的背后,是他永不知足的脚步,是精益求精的追求,亦是对科学精神的生动诠释。

这也是脚踏实地的追梦精神。袁隆平常说,自己有两个梦想,一个是禾下乘凉梦(见图1-8),另一个是杂交水稻覆盖全球梦。他也曾勉励青年:"你们是新时代中国青年……我相信你们必定会在追求真理的道路上躬行实践、厚积薄发,并将不会辜负时代的担当。"他的一生,追梦前行、不负时代,以奉献祖国和人民为目标,一辈子躬耕田野,书写了励志的好样本。

图1-8 "禾下乘凉梦"手绘画

袁隆平精神既包含艰苦奋斗,也包含团结协作,这种勇攀高峰的科学精神激励着我们这一代人为进一步解决老百姓"吃好饭"的问题而努力工作。

习近平总书记高度肯定袁隆平同志为我国粮食安全、农业科技创新、世界粮食发展做出的重大贡献,要求广大党员、干部和科技工作者向袁隆平同志学习,并强调我们对袁隆平同志的最好纪念,就是学习他热爱党、热爱祖国、热爱人民,信念坚定、矢志不渝,勇于创新、朴实无华的高贵品质,学习他以祖国和人民需要为己任,以奉献祖国和人民为目标,一辈子躬耕田野,脚踏实地把科技论文写在祖国大地上的崇高风范。

第二章
劳模精神

学习目标

知识目标

1. 认知劳模的本质。
2. 知道劳模精神是什么。

素质目标

1. 认真体会劳模精神,并在日常生活中自觉践行劳模精神。
2. 在日常生活中自觉弘扬劳模精神,争当劳模。

第一节　解读劳模本质

 课堂导入

全国劳模——张桂梅

她是云南丽江华坪女子高中党支部书记、校长，华坪县儿童福利院院长张桂梅（见图2-1），曾获得全国五一劳动奖章和全国十佳师德标兵称号。2019年10月，云南省委"不忘初心、牢记使命"主题教育领导小组发出通知，号召全省党员向她学习。

张桂梅作为千千万万基层教育工作者中的一员，始终把教书育人、立德树人作为自己的人生理想和奋斗目标。自1990年参加工作以来，她始终把教书育人作为自己的人生追求，而且在工作的这三十多年中也一直积极践行这一人生追求。

图2-1　张桂梅[1]

作为一名教师，她心系困难群众，始终相信群众利益无小事，积极响应国家的号召，投身教育扶贫行列，在她的努力下，华坪建成了全国第一所全免费女子高中。她坚持树人先树魂，把思想政治建设和理想信念教育作为立校之本。她长期拖着病体，坚守岗位，以实际行动践行着自己"只要还有一口气，就要站在讲台上"的诺言，她把自己的工资、奖金和社会各界捐助她治病的100多万元全部投入教育事业，自己却甘守清贫。

作为一名人民教师，张桂梅在教书育人的同时，还有一项重要的工作——家访。张桂梅身体不好，但是她却从来不让学生家长来开家长会，而是自己拖着生病的身体进大山，挨个对学生进行家访。在遇到有辍学思想的学生时，她会不厌其烦、苦口婆心地为学生和

---

[1] 资料来源：红云社会文学百家谈.张桂梅校长，一番直言为学生，用心良苦如父母！[EB/OL].(2020-10-30). https://baijiahao.baidu.com/s?id=1681954257237005739&wfr=spider&for=pc.

家长做工作，不让一个同学掉队。这样的家访，张桂梅坚持了十年，帮助很多想辍学的孩子重新走进学校，坐在了教室里学习。

张桂梅是那样朴实，那样真实，也许她在悄悄地改写着英雄的概念。她身上体现了中国知识分子强烈的爱国主义追求和高度的社会责任感。张桂梅的精神又是一种平凡的精神，体现了一名普通的人民教师把对国家、对人民的热爱和回报，具体落实到自己的事业和学生身上，在普通教学岗位上，恪尽职守、呕心沥血、淡泊名利、执着追求。

💡 想一想

1. 你知道哪些劳模？他们分别是做什么工作的？
2. 说一说你认为劳模应该具备哪些特质。

中华人民共和国成立之初，我们国家就开始表彰劳模了。我国第一代劳模知名度很高，他们的名字几乎家喻户晓，如大庆"铁人"王进喜、掏粪工人时传祥、"杂交水稻之父"袁隆平、纺织工人赵梦桃、农业劳模申纪兰……

20世纪五六十年代，全国劳模绝大多数都是工人、农民。改革开放以来，更多行业的能人走上劳模奖台。科教文卫体，各行各业辛勤工作的人都可以有当劳模的梦想。搞科研的知识分子也能当上劳模，比如陈景润、蒋筑英。2005年起，私营企业家或者农民工，也有机会当劳模。那年，全国劳模评选名单上第一次出现了30多名私营企业家和23位农民工。到了2015年，程序员、销售员也有机会评全国劳模，比如网络语音架构师贾磊、商场化妆品销售员龚定玲。

几十年来，全国劳模的结构越来越多元，有基层劳动者，也有高学历技术人才，有理科生、工科生，也有文科生。劳模结构在变化，劳模的内涵也在发展中变得越来越丰富。

一、劳模是社会主义建设事业中的优秀代表

劳模（劳动模范的简称）是指在社会主义建设事业中成绩卓著的劳动者，经职工民主评选后，在有关部门的审核和政府审批后被授予的荣誉称号。劳模是优秀劳动者的典型代表，从时传祥、王进喜，到李素丽、袁隆平，再到徐振超、郭明义等，每个时期的劳模，都是时代的精神符号和力量的化身。

4.认识劳动模范

二、劳模是社会主义建设的引领者

（一）劳模是工人阶级的优秀代表

劳模普遍具有爱岗敬业、争创一流、艰苦奋斗、勇于创新、甘于奉献、自力更生的精神，富有劳动热情和创造潜能，用自己的辛勤劳动和聪明才智为祖国的繁荣昌盛做出了突出贡献。

（二）劳模是新时代的排头兵

平凡成就伟大，劳动创造辉煌。各行各业的劳模是工人阶级和劳动群众的杰出代表，在人民群众中具有特殊的示范力、影响力和凝聚力，是全面建成小康社会的排头兵。劳模一开始是掏粪工人时传祥，是"铁人"王进喜；到后来，是数学家陈景润，是科学家彭加木；再后来，是产业工人徐振超，是篮球健将姚明；到如今，是研究发动机的孔祥俊，是网络语音架构师贾磊……不同时期，劳模的使命不尽相同，但他们的积极、主动和创造性的劳动精神始终激励着广大群众，推动着社会的进步与发展。

> **名人名言**
> 劳动最光荣、劳动最崇高、劳动最伟大、劳动最美丽。全社会都应该尊敬劳动模范、弘扬劳模精神，让诚实劳动、勤勉工作蔚然成风。
> ——习近平

了解近年来的劳模事迹，探究什么样的人能当劳模。

5.劳动者荣誉知多少？

◆ **知识链接** ◆

习近平给中国劳动关系学院劳模本科班学员的回信

中国劳动关系学院劳模本科班的同志们：

你们好！"五一"国际劳动节前夕，收到你们的来信，我感到十分高兴。你们为党和国家事业发展作出了突出贡献，被评为劳动模范，如今又在读书深造，这是对大家辛勤劳动、无私奉献的褒奖，也是党和国家对劳动者的关怀。

社会主义是干出来的，新时代也是干出来的。希望你们珍惜荣誉、努力学习，在各自岗位上继续拼搏、再创佳绩，用你们的干劲、闯劲、钻劲鼓舞更多的人，激励广大劳动群众争做新时代的奋斗者。

我一直强调，劳动最光荣、劳动最崇高、劳动最伟大、劳动最美丽。全社会都应该尊敬劳动模范、弘扬劳模精神，让诚实劳动、勤勉工作蔚然成风。

值此"五一"国际劳动节之际，我向你们、向全国所有劳动模范、向全国广大劳动者，致以节日的问候。

习近平

2018年4月30日

第二节　探究劳模精神

冬奥火炬手、全国劳模王月鹏：高压线上的电力"手术师"

北京昌平供电公司配电带电作业班班长王月鹏不仅是一位冬奥火炬手，而且是冬奥保障工作的参与者。2022年2月2日上午，王月鹏在奥林匹克森林公园参加了北京冬奥会火炬传递（见图2-2）。

北京冬奥会期间，作为国家体育场保障团队成员，王月鹏主要负责鸟巢场馆应急电源设备保障。同时，他还直接参与冬奥会开幕式的保障工作。"作为一名基层电力员工，能够参加北京冬奥会的火炬传递，亲身感受祖国的繁荣昌盛、冬奥盛会的浓厚氛围，我感到无比光荣和激动！"

从事带电作业工作20多年来，王月鹏扎根一线，一直从事带电作业及配电线路研究（见图2-3）。他刻苦钻研、勇于挑战，带领班组安全开展带电作业15000余次，被誉为高压线上的电力"手术师"。他曾荣获全国劳动模范、全国五一劳动奖章、中央企业先进职工、全国电力行业技术能手等荣誉。

"能参与冬奥火炬传递，我的荣誉感、使命感和责任感油然而生！"王月鹏表示，在接下来的工作中，将坚持践行"不停电就是最好的服务"理念，带领班组团结进取、开拓创新，为保障百姓的可持续供电做出自己应有的贡献。

图2-2　王月鹏参加北京冬奥会火炬传递　　图2-3　王月鹏在从事高压线带电作业[1]

想一想

1. 王月鹏20多年如一日的努力工作，他的动力是什么？
2. 你体验过劳动付出的快乐吗？你愿意为了什么而努力？

劳模精神是每一位劳动者为创造美好生活而在劳动中所秉持的劳动态度、劳动理念及展现出的劳动风貌。

一、劳模精神是实现中华民族伟大复兴的精神力量

劳模精神作为时代精神的凝结，继承并发展了中华民族优秀传统的劳动观念。劳模精神树立并彰显了一种辛勤劳动、诚实劳动、创造性劳动的新理念，营造并弘扬了一种劳动光荣、技能宝贵、创造伟大的时代风尚，生成并传播了一种劳动者至上、劳动者平等、劳动者可敬、劳动者伟大的劳动精神风貌。

二、劳模精神是促进社会主义建设发展的有效途径

劳模始终坚持把人民和国家的利益放在首位，生动形象地展示着爱国主义情怀。在新时代，弘扬劳模精神既能有效促进中华民族传统美德的传承，又能促成社会主义核心价值观的践行。因此，劳模精神不仅是社会道德进步的动力，更是促进社会主义建设发展的有效途径。

三、劳模精神是培育时代新人的重要手段

"青年兴则国家兴，青年强则国家强。"青年一代有理想、有本领、有担当，国家就有前途，

---

[1] 资料来源：家电网.冬奥火炬传递｜飞扬在手 职责在心[EB/OL].(2022-02-04).https://www.163.com/dy/article/GVCF1OBM0514S0EB.html.

民族就有希望。新的时代和使命呼唤新的担当，作为时代新人，要具备理想信念、过硬本领和责任担当。劳模精神作为劳动精神的积极呈现，对于培养时代新人有着不同寻常的价值，是培育时代新人的重要手段。

人生的最大快乐，是自己的劳动得到了成果。

——谢觉哉

◆ 案例故事 ◆

崔蕴——匠心铸就航天梦

崔蕴（见图2-4）是天津航天长征火箭制造有限公司总装车间副主任，是总装车间内的工匠大师，虽然没有太高的学历，但从北京火箭生产车间当装备工起步的他，凭借着勤奋好学的精神，研习了铣工、车工、焊工、电工等多项技能，并自学获得电大文凭，逐步掌握了各种火箭制造发射的知识。现在，崔蕴已经成为中国运载火箭研究院首位也是唯一一位弹箭体装配专业特级技师。

图2-4　崔蕴[1]

2006年，国务院正式批准新一代运载火箭基本型长征五号立项研制，崔蕴带领团队从此开始了长达10年的攻坚磨砺。"火箭的制造，每一次都是全新的。以往的火箭直径都是3.35米，而长征五号直径是5米，这不是一个简单的数字变化，而是火箭生产制造有了一个翻天覆地的变化。我们人站在5米的箭体里面，哪儿也够不着，必须采用全箭旋转这种装配方式，才能保证每个地方安装到位。"崔蕴如是说。

崔蕴带领年轻人奋战在航天事业的一线，因为没有先例、经验可以借鉴，只能参考其他行业的长处，在摸索中创新，他们团队所负责的火箭结构强度、模态参数测量、振动量

---

[1] 资料来源：扬子晚报. 2019年"大国工匠年度人物"揭晓，10人来自多个行业 [EB/OL]. (2020-11-16). http://k.sina.com.cn/article_1653603955_628ffe7302000zh6k.html?display=0&retcode=0.

等方面的试验多达上千次。崔蕴说:"干工作就得做到极致,有多大劲使多大劲,困难是躲不过去的,发现问题后,必须想方设法地去解决!"

长征三号、长征五号、长征七号……正是凭着这股不服输的精神,崔蕴带领团队实现一次次突破,也为中国航天事业步入世界领先水平贡献出自己的力量。

探究与分享

请结合专业特点,谈谈应该如何将劳模精神运用于学习与工作中。

总书记语录

广大劳动群众要立足本职岗位诚实劳动。无论从事什么劳动,都要干一行、爱一行、钻一行。在工厂车间,就要弘扬"工匠精神",精心打磨每一个零部件,生产优质的产品。在田间地头,就要精心耕作,努力赢得丰收。在商场店铺,就要笑迎天下客,童叟无欺,提供优质的服务。只要踏实劳动、勤勉劳动,在平凡岗位上也能干出不平凡的业绩。

——2016年4月26日,在知识分子、劳动模范、青年代表座谈会上的讲话

第三节 学习劳模品质

巾帼女"匠"盖立亚:让中国智能机床冲击世界一流

盖立亚(见图2-5),沈阳机床集团优尼斯智能装备有限公司教授级高级工程师,在机床行业工作20多年,先后主持和参与4项国家重大专项项目,取得主导实用新型专利22项、发明专利3项,成为"代表中国一流冲击世界一流"的业界重要领军者。

1999年,盖立亚大学毕业入职沈阳机床集团公司机床研究所。这一年,公司正好从生产制造普通机床向数控机床转型。盖立亚跟着一位资深工程师研发CKS6132数控机床设计。2000年,这位工程师生病住院,重新安排人可能赶不上交货时间。时任沈阳机床研究所所长王瑛问盖立亚:"你敢干不?"盖立亚没有细想,就答应了。时隔多年,她谈起这件事时,自己都禁不住笑起来:"大学毕业才一年,就敢接公司第一次做的科研项目,你说我是不是有点'虎'?"当时,研究所能够用于产品设计的电脑只有五六台,像她这样刚来的年

轻人白天几乎没机会使用，她就等别人下班了再用，干个通宵是经常的事。设计出来了，机床也组装起来了，可一试车，毛病一大堆：主轴振动、刀架不锁紧、防护漏水……装配工人毫不客气地叫来盖立亚："你赶紧过来看看！"从机床漏出的水流了满地，盖立亚二话不说就钻到车床下找漏水点。漏水点找到了，她重新设计了防护装置，把问题解决了，紧接着又解决主轴振动、刀架不锁紧等问题。2000年8月，机床按时交货。这是机床公司第一台高端数控车床，开创了国产数控机床商品化之路。"大学书本中的经典车床再也不是市场的主流，所以必须创新。"盖立亚力主创新，瞄准新观念、新方法，创造新成果。久而久之，同事都叫她全机能产品的"小鼻祖"。随着技术和经验的不断积累，她逐渐有了与专家"掰手腕"的信心与实力。

图2-5 巾帼女"匠"盖立亚[1]

在沈阳机床集团，只要客户有需求，盖立亚随时随地都会组织讨论会帮助客户解决问题。有一次，一家世界五百强企业因为对机床指标要求太苛刻，没有供货商愿意供货，盖立亚毫不犹豫地接下了这个订单。这一年，33岁的盖立亚怀孕了，妊娠反应特别强烈。考虑到这份合同不仅能给公司带来可观的经济效益，而且是设计技术的一大突破，她告诉自己，必须坚持下去，保质保量完成任务。她组织技术人员自制毛坯料在机床上进行模拟模型试验，并对切削结果进行比较。在机床结构、参数设定、加工工艺、切削效果、性能、精度等环节，她反复修改技术方案11次。盖立亚带着团队一直工作到临产前4天，产假没休完，她又回到工作岗位上参加设备调试，将机床的精度提高到进给单脉冲0.5微米，相当于人头发丝直径的1/120。这家世界五百强企业的专家操着生硬的中国话对盖立亚说："盖，你都不知道你们的机床有多好！"后来，仅这一家企业就陆续从沈阳机床集团公司订购上百台机床。"这个精度到目前为止还是领先于世界的，证明了我们中国人可以做出来高精度的机床。行业龙头企业职责所在，应该为国家担起这样的职责和责任。"盖立亚心里更多的不是自豪，而是使命感。

---

[1] 资料来源：人民网."金蓝领"为"中国创造"添彩[EB/OL].（2019-05-01）.https://www.sohu.com/a/311282210_114731?_f=index_pagerecom_11.

2014年，在研发岗位上工作了十几年的盖立亚主动请求到市场一线，她用一年的时间走访了100多个客户，收集了7大类158项改进意见。在团队培养上，盖立亚也有自己的一本"经"。无论在什么岗位上，她始终注重个人和团队的伴随成长。她深知学习成就未来，提出"学习中创新、创新中实践、实践中提升"的团队学习理念。

她打造的七条新式生产流水线在安全规范管理、质量达标工程、精品工程中，涌现出多个优秀班组和人员。在她的带领下，涌现出一批快速成长的优秀年轻员工。"无论是企业发展、国家需要，还是在社会层面，都需要把基础工业水平提上去。我希望能够通过我们的努力，来提升我们的装备制造水平。"这是盖立亚的心声，也是她从过去到现在，甚至在未来一直去坚持做的事情。

想一想

谈谈你对"争创一流"和"艰苦奋斗"的认识。

伟大出自平凡，英雄来自人民。一个国家的非凡成就，总是由点点滴滴的平凡人物汇集而成的。在社会主义建设的各个时期，以劳模为代表的广大工人阶级始终不忘初心、牢记使命，用平凡的双手实现不平凡的梦想。回首中华人民共和国走过的几十年风风雨雨，劳模所体现出来的人文精神，代表着一个时代的价值观、道德观和精神风貌，展示了中华民族顽强拼搏、自强不息的崇高品格，体现了我们伟大的民族与时俱进、开拓创新的精神风貌。

每一个时期的劳模都具有不同的内容和特点，但他们又有共同点，那就是都具有主人翁责任感和艰苦创业精神、忘我的劳动热情和无私奉献精神，良好的职业道德和爱岗敬业精神、这些集中体现了我国的先进思想和精神风貌，劳模精神引领时代精神，劳模价值创造社会价值。无论时代如何变迁，永远不变的是劳模精神的本质。每一位劳模都是一面旗帜，高扬着爱岗敬业、争创一流的价值操守；每一位劳模都是一个标杆，标示出艰苦奋斗、勇于创新的精神境界；每一位劳模都是一盏明灯，折射出淡泊名利、甘于奉献的道德取向。

劳模身上体现的爱岗敬业、争创一流、艰苦奋斗、勇于创新、淡泊名利、甘于奉献的劳模精神，是伟大时代精神的生动体现，也是广大劳动者学习的典范。向劳模学习、向工匠致敬（见图2-6）已成为一种社会风尚。

一、爱岗敬业、争创一流

爱岗敬业包括爱岗和敬业两个方面。爱岗和敬业，互为前提，相互支持，相辅相成。爱岗是敬业的基石，敬业是爱岗的升华。爱岗敬业、争创一流是劳模精神的本质特征，是劳模的奋斗目标，更是我们在职业生活中应当遵循的道德要求和行为准则。它反映的是劳动者对待自己职业的一种基本态度，体现的是劳动者热爱自己的工作岗位，尊重自己所从事的职业，以及勤奋努力、尽职尽责的道德操守。爱岗敬业、争创一流所表达的是社会主义最基本的道德要求，即干一行、爱一行、专一行、精一行，精益求精，开拓创新。

6.劳模精神的内涵

图2-6 向劳模学习、向工匠致敬

 志于道，据于德，依于仁，游于艺

——《论语·述而》

二、艰苦奋斗、勇于创新

艰苦奋斗是中华民族的优良传统，中华民族向来以吃苦耐劳、勤俭持家、艰苦奋斗著称于世。艰苦奋斗也是中国共产党的优良传统之一。我们党为争取民族独立、人民解放的斗争史，就是一部艰苦奋斗的创业史。1939年，毛泽东同志曾经告诫全党："我们民族历来有一种艰苦奋斗的作风，我们要把它发扬起来。"从思想层面上来讲，艰苦奋斗的基本含义包括两个方面：一是艰苦，二是奋斗。艰苦是指客观环境和条件，奋斗是主观进取，艰苦奋斗即用主观行动战胜客观环境和条件，艰苦和奋斗紧密相连。艰苦奋斗的精神与时俱进，无论在什么条件下都是必要的，在任何时候都是推动社会发展的重要力量。

战争年代，"中国的保尔·柯察金"吴运铎、"新劳动运动旗手"甄荣典等劳模艰苦奋斗，推动了中国共产党领导的人民解放事业；社会主义建设时期，"高炉卫士"孟泰、"铁人"王进喜、"两弹元勋"邓稼先等劳模艰苦奋斗，使我国的社会主义建设事业迈上一个新的台阶；在新的历史时期，"中国航空发动机之父"吴大观、"知识工人"邓建军、"白衣圣人"吴登云等劳动模范艰苦奋斗，助力我国的社会主义现代化建设，助力中国梦的现实。

创新是民族进步的灵魂，是一个国家兴旺发达的不竭源泉，也是中华民族最深沉的民族禀赋。勇于创新是劳模身上最闪亮的特质，也是时代精神的体现。作为推动社会进步和引领发展的动力，创新能够提高劳动生产率，能够促进经济社会可持续发展，能够使中华民族屹立于世界民族之林。

从1956年我国航天事业起步，到如今我国取得运载火箭、载人航天、月球探测、卫星遥感、卫星通信等一系列辉煌成就，从近代贫困潦倒、食不果腹到如今成为粮食产业大国，实现全球首次在热带沙漠种植水稻，为保障全球食品安全再添中国贡献，每次飞跃与进步无不体现着创新的重要性。新时代的劳模鲜明地诠释着创新的重要性，他们积极奋战，勇于创新，推动中国制造向中国创造转型，是社会主义建设的创新主力军和排头兵。

 古之立大事者，不惟有超世之才，亦必有坚忍不拔之志。

——苏轼

三、淡泊名利、甘于奉献

淡泊名利是劳模精神的灵魂，淡泊名利就是轻名忘利，不为名利所累，不为身外之物所困。甘于奉献是劳模精神的底色，甘于奉献就是在工作中敢于牺牲与奉献、舍己为人，这二者构成劳模精神的品格特征。"天下熙熙，皆为利来。天下攘攘，皆为利往。"自古至今，世人都有对名利的追求和向往，但是作为普通大众中的一员，劳模在努力工作、创造卓越成就的过程中，在从一线工人到行业带头人的角色转换中，在从芸芸众生成长为世人膜拜的模范榜样中，始终坚持毫不利己、专门利人、淡泊名利、大爱无疆的奉献精神，对人民高度负责，默默无闻地付出，从不计较利弊得失，讲求吃苦在前，享受在后。

全国劳模、江苏省江阴市华西村原党委书记吴仁宝，带领华西村干部和群众艰苦奋斗，成功地把昔日偏僻落后的华西村建成了富裕、美丽的"天下第一村"。但他作为华西村30多年的"老当家"，却始终清正廉洁、淡泊名利、甘于奉献，坚持做到不领全村最高工资，不住全村最好的房子。虽然政府给予他的奖金累计超过1.3亿元，但是他分文未取，全部留给集体。雷锋精神的传承者郭明义20多年来无偿献血6万毫升，相当于自身血液的10倍多，还为希望工程、身边的工友和灾区群众累计捐款12万元，先后救助180多名特困生，成立了"郭明义爱心团队"，而自己的家中却一贫如洗。这些默默无闻的劳模淡泊名利、甘于奉献，促进我国的经济建设和精神文明建设蒸蒸日上。

淡泊名利、甘于奉献是中华民族精神的重要组成部分，是共产党员应有的精神追求。习近平总书记号召以黄大年同志为榜样，"学习他淡泊名利、甘于奉献的高尚情操"。这既是对黄大年精神的高度评价，也是对党员干部和广大人民群众的勉励和要求。我们干事创业，就要有这种淡泊名利、甘于奉献的精神。无论是贫穷还是富有，我们都要始终保持定力、坚守初心，克服急功近利的浮躁，远离追名逐利的彷徨，不忧一己之得失，而忧事业之兴衰；无论从事什么工作，都要始终做到吃苦在前，享受在后，勤奋敬业，任劳任怨，勇于创新，敢于担当，脚踏实地干出一番事业，成就有价值的人生。

在新时代，我们要学习和弘扬劳模精神，把爱岗敬业、争创一流、艰苦奋斗、勇于创新、淡泊名利、甘于奉献的劳模精神转化为自己的信念动力，融入自觉行动，争做不务空名的行动者和兢兢业业的奉献者；牢记初衷，砥砺前行，把自己的梦想融入实现中国梦波澜壮阔的奋斗之中，书写无愧于时代的人生精彩诗篇。

探究与分享

学习劳模的途径有哪些？

总书记语录

社会主义是干出来的，新时代是奋斗出来的。这次受到表彰的全国劳动模范和先进工作者，是千千万万奋斗在各行各业劳动群众中的杰出代表。他们在平凡的岗位上创造了不平凡的业绩，以实际行动诠释了中国人民具有的伟大创造精神、伟大奋斗精神、伟大团结精神、伟大梦想精神。希望大家珍惜荣誉、保持本色，谦虚谨慎、戒骄戒躁，继续发挥示范带头作用。

——2020年11月24日，在全国劳动模范和先进工作者表彰大会上的讲话

第四节　践行劳模精神

课堂导入

保定市9人获"全国劳动模范"和"先进工作者"称号

2020年11月24日，全国劳动模范和先进工作者表彰大会在北京人民大会堂举行。其中，河北省保定市9人获评全国劳模和先进工作者荣誉称号，并参加全国表彰大会。

"全国劳动模范"是党中央、国务院授予在社会主义建设事业中做出重大贡献者的荣誉称号，每5年评选一次。这次评选中，保定天威保变电气股份有限公司切铁组组长、高级技师戚红，惠阳航空螺旋桨有限责任公司副总工程师、研究员级高级工程师徐丁丁，河北省曲阳陈氏定窑瓷业有限公司工艺师、高级技师韩庆芳，保定卷烟厂党委书记、厂长、

高级经济师、高级政工师马立志，保定市涞源县王安镇山炮村农民卢伟，保定市清苑区南王庄瓜果蔬菜专业合作社社长李素环，荣获"全国劳动模范"称号；保定市科学技术局党组书记、局长刘铁英，保定市人民医院（保定市传染病医院）院长、主任医师陈振怀，保定市青年路幼儿园党总支书记兼园长、正高级教师张春炬，荣获"全国先进工作者"称号。

他们来自农业、工业、科技、卫生、教育等各个领域，是各行各业的杰出代表。他们始终以新时代奋斗者的姿态积极投身经济社会建设主战场，以坚定的理想信念、高度的敬业精神、忘我的担当进取，生动诠释了爱岗敬业、争创一流、艰苦奋斗、勇于创新、淡泊名利、甘于奉献的劳模精神，以辛勤劳动、诚实劳动、创造性劳动体现了责任担当，创造了突出的业绩，赢得了崇高的荣誉。

想一想

上述劳模和先进工作者是如何践行和弘扬劳模精神的？

一、弘扬劳模精神具有重要的时代价值

（一）适应我国社会主要矛盾的变化

党的十九大报告对我国社会主要矛盾做出了与时俱进的新表述，强调中国特色社会主义进入新时代，我国社会主要矛盾已经转化为人民日益增长的美好生活需要和不平衡不充分的发展之间的矛盾。要全力解决这一主要矛盾，满足人民对美好生活的需要，实现既平衡又充分的发展，根本上要依靠辛勤劳动、诚实劳动和创造性劳动。劳模精神就是提倡劳动，所以解决社会主要矛盾离不开劳模精神在全社会的大力弘扬。

（二）劳模精神是中国精神的重要组成部分

中国精神集中华民族优秀传统文化与时代精神于一体，代表的是我国各民族的形象和精神风貌，其含义广泛、内容深刻。

习近平总书记将中国精神概括为紧密联系的两个方面：以爱国主义为核心的民族精神和以改革创新为核心的时代精神。2012年以来，以习近平同志为核心的党中央紧密结合新的时代条件和实践要求，提出了中国梦的构想，并指出实现中国梦需要伟大的中国力量和伟大的中国精神做支撑。有了中国精神，就有了国家和民族发展的凝结剂和推进器，就有了超越自我和走向辉煌的强大精神动力。

劳模精神在内容上与中国精神相通相融，在本质上与中国精神高度契合，它是中国精神

的生动体现，是中国精神的重要组成部分，它丰富了中国精神的内涵，是我们宝贵的精神财富。在提倡和发扬中国精神的时代，必然要在全社会大力弘扬伟大的劳模精神，为实现中国梦提供强大的精神力量。

（三）注重创新发展成为时代特点

面对新一轮的科技革命和产业革命，我们国家的当务之急就是提高国家的综合创新实力，这就需要弘扬创新创造的精神。2015 年，习近平总书记在庆祝"五一"国际劳动节暨表彰全国劳动模范和先进工作者大会上的讲话中强调：面对日趋激烈的国际竞争，一个国家发展能否抢占先机、赢得主动，越来越取决于国民素质特别是广大劳动者的素质。要实施职工素质建设工程，推动建设宏大的知识型、技术型、创新型劳动者大军。劳模是高素质劳动者的典范，他们不仅有娴熟的技术技能，还有非凡的创新创造能力。在国际竞争日益激烈和我国注重创新发展的时代背景下，我们所弘扬的劳模精神，必须包含创新精神。因此，树立具有创新精神的劳模典型也将成为新时代的特征。

◆ **案例故事** ◆

"高铁工匠"罗昭强

从"中国制造"到"中国创造"，飞驰在神州大地的高速铁路列车实现了由追赶者到领跑者的伟大跨越。而在这场跨越中，技术工人是当仁不让的创新主角。铁路车辆装调工罗昭强，对工作和产品精雕细琢、精益求精，这是一种情怀、一种执着、一份坚守、一份责任，他身体力行地践行了敬业、专注、创新的工匠精神。

国家科技进步奖、全国五一劳动奖章、中华技能大奖、"高铁工匠"、全国技术能手……对于中车长春轨道客车股份有限公司铁路车辆装调工、高级技师罗昭强来说，眼前的种种荣誉只是对不同人生阶段的短暂肯定。过去数十年，他在高铁生产一线中精耕细作，不断攀越高峰，从未止步。"调试工作者就是给动车组、给高铁赋予生命的人，你会发现，车进入我们调试车间以后，灯亮了，'眼睛'会眨了，雨刷动了，'嘴'会动了，有种变活了的感觉。"罗昭强，这位长年奋战在高铁生产一线的高技能领军人才，对列车调试工作倾注了无数心血，在相关领域颇有造诣。

"复兴号"——具有完全自主知识产权、达到世界先进水平的动车组列车，调试是它在厂内的最后一道生产工序，罗昭强和他的工友，要保证每一列"复兴号"安全出厂。在首批"复兴号"中国标准动车组的出厂调试中，他率领团队完成了数十项调试方法的创新，实现了以消化、吸收到再创新的跨越。其中，他研发的高铁模拟装置，开创了利用模拟手段对从事高铁车辆调试工作的操作员工进行培训的先河。

不仅如此，其研制的具有自主知识产权的"CRH5型车端部模拟器""CRH5型车网络INDI与USDR模拟器"等动车组关键调试装备，打破了国外市场垄断，将制造成本缩减为原来的1/10。

这些年来，罗昭强先后完成17项实用新型专利，540件创新成果已在动车组调试中得到广泛应用，是唯一一位获得中国中车科技成果奖的蓝领工人。

从绿皮车到"子弹头"，从"和谐号"到"复兴号"，罗昭强护送着一代又一代列车开跑。工作上的不断创新，使他在国家技能大师工作室平台上率领团队完成技术攻关170余项，于2014年荣获"全国工人先锋号"称号；众多的技术攻关，还能够真正转化成较大的经济效益——罗昭强通过实现专利成果知识产权转让，创造了模拟实训装置近10亿元的广阔市场，其发明的高速动车组调试技能训练装置，每年为公司节省培训经费590万元，提高了公司产品的附加值。同时，他也作为培训师受邀参加国际化培训，成为中国高铁的"金名片"。

2015年，美国波士顿地铁春田工厂总经理考察城铁客车智能调试实训装置时，高度赞扬了这一设备，还邀请罗昭强率领海外培训团队利用该装置培训首批33名美国车辆电气工程师。目前，该成果作为一项竞争要素，为公司顺利中标增添了重要砝码。

2018年，他最新的创新成果"美国波士顿地铁模拟实训装置"成功登陆美国，签约金额100万美元，实现了工人创新成果销售到海外市场的新突破，并率领团队开始国际化培训，助力中国高铁"走出去"战略的实施。

"授人以鱼不如授人以渔"，罗昭强将多年的工作经验无私地传授给他人，累计为公司内部、铁路系统和地铁业主方2万余人开展技能培训。目前，已培养出6名全国技术能手、8名中央企业技术能手、10名吉林省首席技师、3名长春市技能竞赛状元以及100余名高级技师。其所带徒弟，已有1人成为中国中车首席技能专家，4人成为中国中车资深技能专家，他为高铁事业发展输送了大量优秀的人才。

能正确提出问题就是迈出了创新的第一步。

——李政道

二、践行劳模精神的途径

劳模精神作为工人阶级和广大劳动群众的劳动实践结晶，对于推动人的全面发展和社会生产力的进步具有重要意义。劳模身上承载和彰显的劳模精神丰富和拓展了中国精神的内涵，为培育和践行社会主义核心价值观，建设新时代中国特色社会主义，实现中华民族伟大复兴凝聚了磅礴的精神力量。

劳模精神中，爱岗敬业是本分，争创一流是追求，艰苦奋斗是作风，勇于创新是使命，淡泊名利是境界，甘于奉献是修为。做一个守本分、有追求、讲作风、担使命、有境界、有修为的劳动者，是每一位劳模的精神风范，更是每一位劳动者应该追求的目标。

劳模精神体现在学习中，就是刻苦钻研、不畏艰苦，孜孜不倦地学习科学文化知识，勇于探索和创造，不断提高政治理论和科学文化水平，不断完善自己的人格。作为学生，我们应时刻牢记：在学习上没有捷径可走，科学的学习方法可以提高学习效率，但科学的方法不等于捷径，如果有好的方法，但不付出艰苦的学习劳动，任何人都无法获得成功。

劳模精神体现在工作中，就是要在平凡的岗位上践行劳动理念，在本职工作中培育劳动情怀，自力更生、奋发图强、不怕困难、不畏艰险地去完成各项任务。在工作中践行劳模精神，还要求我们学习并践行劳模的工作态度、工作作风、工作方式，学习他们看待工作的视角，推动工作的贯彻落实、创新发展。

探究与分享

结合现状，谈谈如何在学习中践行劳模精神。

> **总书记语录**
>
> 广大企业职工要增强新时代工人阶级的自豪感和使命感，爱岗敬业、拼搏奉献，大力弘扬劳模精神和工匠精神，在为实现中国梦的奋斗中争取人人出彩。
>
> ——2017年12月12日至13日，在江苏省考察时的讲话

◆ **案例故事** ◆

定瓷传承人韩庆芳：创新是企业发展的基石

河北省曲阳陈氏定窑瓷业有限公司韩庆芳创新工作室获得"全国工人先锋号"称号。作为当代定窑第二代传承人的优秀代表，韩庆芳（见图2-7）始终坚定地认为："创新是企业发展的基石。"

"从小与定瓷结缘，从此就再也离不开了，"韩庆芳笑道，"我姥姥家在曲阳县北镇村。北镇村是蜚声海内外的中国五大名窑之一定窑的原产地，至今还遗留着13座高大的瓷片堆。

我舅舅陈文增当时在保定地区工艺美术定瓷厂工作，是定瓷研究小组的一员。每次看到舅舅设计的图纸、画的装饰纹样，我都十分喜欢，小小的心里也种下一个愿望，长大了也要做漂亮的定瓷。"

图2-7　韩庆芳在工作[1]

1997年，韩庆芳大学毕业，她便毫不犹豫地选择了曲阳陈氏定窑瓷业有限公司。但是刚开始，韩庆芳更多的是做现金会计、验瓷员、库管员等工作，与定瓷的研究创作并没有太大关联。尽管如此，韩庆芳一有时间就对舅舅陈文增的刻花作品、公司总工艺师、高级工艺美术师和焕的剔花作品，还有其他工艺师的作品反复进行琢磨和研究。"看得多了，对这些装饰方法就有了自己的理解。于是，我就利用晚饭后的时间，从院子里搬来废弃的模具注浆，用注浆坯子学刻花，"韩庆芳说，"最终，我刻苦学习的态度打动了舅舅，从此，他时常指导我的刻花技艺，和焕老师也开始向我传授剔花技艺。"

从此，韩庆芳走上了定瓷工艺师之路。通过陈文增、和焕两位前辈的悉心指导，再加上自己勤思苦练，韩庆芳的技艺很快有了长足的进步：刻花作品线条流畅，布局疏朗有致；剔花作品刀法简洁爽利，构图富丽大方。"不仅需要学习、传承，更需要创新。"韩庆芳坚定地认为，只有不断创新，这些传统技艺才能再次焕发生机，企业才能继续发展。为此，韩庆芳勇于探索，不断出新，在工作实践中发明了"以线引枝"构图模式和"全斜刀法"雕琢技艺、"阴阳刻相结合"刀法。

曲阳陈氏定窑瓷业有限公司董事长庞永辉对韩庆芳的创新思路赞许有加。他介绍，"以线引枝"是一种高产的构图方式，为定窑文化产业创造了良好的经济效益与社会效益，装饰性强，为初学者提供了便利，为剔花人才队伍的发展壮大打下了生态基础；"全斜刀法"技术含量高，可操作性强，为定窑装饰领域的逐步拓宽做出了贡献；"阴阳刻相结合"刀法使定窑剔花艺术构图丰富、规整，简洁大方，呈现出精巧的雅致美，极大地丰富了当代定窑装饰的艺术性和可发挥性。

同时，为进军艺术品市场，曲阳陈氏定窑瓷业有限公司又成立了以韩庆芳名字命名的

---

[1] 搜狐网.韩庆芳:保定陶瓷大师以己微薄之力,助力中国非遗技艺传承与发展[EB/OL].(2021-01-22).https://m.sohu.com/a/446182213_100193215/.

创新工作室,以积极开拓新的装饰技法。

韩庆芳介绍:"我们研制开发的滚压成型盖杯、茶杯、餐具等系列产品,在产品局部印花或阴纹剔花,其艺术效果比传统印花、剔花更为简洁、素雅,不但降低了成本,而且提高了成品率。"

因为兴趣而坚守,因为坚守而做到极致。如今的韩庆芳已获得诸多荣誉:享受国务院特殊津贴专家、全国五一劳动奖章获得者、河北省工艺美术大师、河北省陶瓷艺术大师、河北省突出贡献技师、河北省十大金牌工人、河北省技术能手、河北省三八红旗手标兵……

但她并未停止脚步。韩庆芳说,她有一个梦想——当代定瓷走进千家万户,再现辉煌。

第三章
工匠精神

学习目标

知识目标

1. 认知工匠精神的基本内涵。
2. 了解工匠精神的当代价值。

素质目标

1. 向"大国工匠"和高技能人才看齐,学习他们身上的工匠精神。
2. 体悟工匠精神,自觉践行、传承工匠精神。

第一节　工匠精神的内涵

"大国工匠"李峰：27年痴心坚守，磨出一把好"剑"

"27年，我只干了铣工这一个行业。"在航天科技集团公司第九研究院第十三研究所（简称十三所），李峰谈起"天舟一号"货运飞船成功飞天的场景，依然难以平复内心的激动。他说，仰望火箭直冲云霄的雄姿，想到这个伟大时刻也有他的一份功绩，他内心就感到无比自豪。

李峰是航天人中最平凡的一个角色，也是千万工匠中最普通的一员。然而，这些普通人的存在和坚守，创造了我国航天事业的一个又一个奇迹。

惯性器件关键零件每减少1微米变形，就能缩小火箭几千米的轨道误差

对于普通人而言，惯性器件可能是一个陌生的词汇，但在航天领域，它却是众人皆知的关键产品。它犹如火箭的"眼睛"，在茫茫太空中测量火箭的飞行数据，提高火箭的入轨精度，控制火箭的飞行姿态。

李峰的工作就是加工惯性器件中的加速度计。作为惯性器件的核心，加速度计犹如眼睛里的晶状体一般珍贵，加工中每减少1微米的变形，就能缩小火箭在太空几千米的轨道误差。

1微米是什么概念？大约是头发丝直径的七十分之一。李峰需要依靠现有的工具，眼观手测完成精密加工。

加速度计的核心零件从毛坯到成型，需要经历车、钳、铣、研磨等17道工序，其间既要经受100℃高温烘烤，也要在—70℃的液氮中完成低温考验。李峰的精铣工作，是零件加工的第11道工序，但却是由粗加工向精加工迈进的一道关口，加工中一旦出现细小误差，前面的工作都将功亏一篑。

"打磨的不仅是零件，更是一种航天人的心性。"李峰说。虽然他只有大专文凭，但为了与精铣以及精密加工等领域产生"化学反应"，他买回《机械原理》《金属材料力学性能》等专业书籍细细"咀嚼"，一有空就学习设备工作原理，每天抽出固定时间专攻晦涩难懂的理论知识。

航天关键零件在加工时，都有一个尺寸标准的零位，李峰在上万次的加工中，找准了自己对事业的定位，那就是聚神专注、精益求精。27年来，经李峰加工后验收的产品没有任何质量问题，加工出的零件完全符合标准、精确无误。

27年痴心坚守，只为磨出一把好"剑"

夜幕低垂，整座城市渐入梦乡。在十三所的某个厂房里，一盏孤灯准时亮起，随即隐约听到机器工作的声音。巡夜的保安知道，李峰又开始加班了。一个夜晚，一台机床，几把刀具，反复打磨，这样有规律的重复，李峰坚持了27年（见图3-1）。

图3-1 李峰在反复打磨零件[1]

废寝忘食是李峰一直以来的"坏习惯"。这种习惯的坏处，他心里很清楚，但一走上铣台，抚摸着熟悉的刀具，他就陷入了痴迷状态，经常忘记了时间。

和精密加工打交道，不仅要技艺过人，更要有一把适合加工零件的好"剑"。大多数时间里，李峰一直在和加工刀具"较劲"。

航天产品的零件不仅体积小，形状复杂，而且加工难度大，精度要求高，更重要的是要有高度的质量可靠性，在加工前往往需要精细的计算、周密的计量。有时加工操作不慎、加工刀具损坏等问题，会导致加工零件报废。为了提高产品加工质量和生产效率，李峰常常在业余时间研究刀具角度和刀具材料。

一次加工中，铣床的加工精度是4微米，但有的零件精度要求为2微米，李峰只能重新在200倍显微镜下精心打磨新的刀具。刀具刃磨的火候只有操作者才能把握，近乎苛刻的标准逼着李峰自我加压，他又开始学习机电工程的专业知识。这些年，李峰创新了装夹和加工方法，自制出合格的加工刀具。这看似细微的改进，有效解决了加工中的技术难题，提高了产品加工质量和生产效率。年复一年，李峰沉浸在加工蓝图中，伴着机器轰鸣的旋律，淬炼出了自己的"剑"。

如今，当年一同毕业分配到单位里的同学，或改行或提升，但李峰选择的是一份坚守，这是李峰一直以来的人生目标："练就炉火纯青的本领，做一个超精密加工行业的良匠！"

---

1 资料来源：胡尔根，张磊.大国工匠太敬业！一年比别人多上100多天班[EB/OL].(2017-06-09).http://www.81.cn/jmbl/2017-06/09/content_7633454.htm.

想一想

"大国工匠"李峰具有哪些精神品质？

在我国几千年的文明史中，工匠精神源远流长，"巧夺天工""匠心独运"等成语都是对这种精神的高度概括。2016年，李克强总理在政府工作报告中首次强调要培育精益求精的工匠精神。2017年的政府工作报告也提出，要培育众多"中国工匠"，大力弘扬工匠精神。

一、全身心投入的敬业精神

敬业精神是一种基于热爱的、对工作和事业全身心投入的精神境界，其本质就是奉献精神。

敬业精神就是在职业活动领域，树立主人翁责任感、事业心，追求崇高的职业理想；培养认真踏实、恪尽职守、精益求精的工作态度；力求干一行、爱一行、专一行，努力成为本行业的行家里手；摆脱单纯追求个人和小集团利益的狭隘思想，具有积极向上的劳动态度和艰苦奋斗的精神；保持高昂的工作热情和务实苦干的精神，把对社会的奉献和付出看作无上光荣的事业；自觉抵制腐朽思想的侵蚀，以正确的人生观和价值观指导和调控职业行为。

敬业精神的主要内容包括：对社会和公共利益的责任感；追求本职工作的成就感；对集体和所在企业的忠诚。

◆ **知识链接** ◆

社会主义核心价值观

党的十八大强调，倡导富强、民主、文明、和谐，倡导自由、平等、公正、法治，倡导爱国、敬业、诚信、友善，积极培育和践行社会主义核心价值观。在社会主义核心价值观基本内容中，富强、民主、文明、和谐是国家层面的价值目标，自由、平等、公正、法治是社会层面的价值取向，爱国、敬业、诚信、友善是公民个人层面的价值准则。

二、追求卓越的精益精神

精益即精益求精，精益精神是指对精品的坚持和执着追求，是从业者对每件产品、每道工序都凝神聚力、追求极致的职业品质。精益求精的过程是反复改进、不断完善，将精度从99%提高到99.99%的过程。正如老子所说，"天下大事，必作于细"，每个"大国工匠"无不是凭着精益求精的精神才获得了成功。

第三章 工匠精神

 谁肯认真地工作,谁就能做出许多成绩,就能超群出众。

——恩格斯

三、持之以恒的专注精神

专注就是内心笃定、着眼于细节的耐心、执着、坚持的精神。它要求从业者做到抱元守一、忠于职守。专注是所有"大国工匠"必须具备的精神特质。从中外实践经验来看,工匠精神意味着一种执着,即一种几十年如一日的坚持与韧性。

《诗经·国风·卫风》中的"如切如磋,如琢如磨"呈现了古代劳动人民以专注精细的工匠精神,采用切、磋、琢、磨等工艺,将石头、骨头、玉石、象牙等打磨成器物的情景。先秦荀子《劝学》中"蚓无爪牙之利,筋骨之强,上食埃土,下饮黄泉,用心一也",充分强调了耐心、执着、坚持精神的重要性。"艺痴者技必良",庖丁解牛、"推敲"的斟酌都体现了古代劳动人民的工匠精神。

 只要专注于某一项事业,就一定会做出使自己感到吃惊的成绩。

——马克·吐温

四、追求突破的创新精神

工匠精神意味着执着、坚持、专注,甚至是陶醉、痴迷,但它绝不等同于因循守旧、拘泥于一格的"匠气",因为它包括追求突破、追求革新的创新内涵。这意味着,工匠必须把"匠心"融入生产的每个环节,既要有对职业敬畏、对质量严苛的职业精神,又要富有追求突破、追求革新的创新活力。

创新是工匠精神的灵魂。创新精神是一个现代人应该具备的素质,也是一个国家和民族发展的不竭动力,创新精神是指要具有能够综合运用已有的知识、信息、技能和方法,提出新方法、新观点的思维能力和进行发明创造、改革、革新的意志、信心、勇气和智慧。

古往今来,热衷于创新和发明的工匠们一直是世界科技进步的重要推动力量。改革开放以来,汉字激光照排系统之父王选,中国第一、全球第二的充电电池制造商比亚迪公司创始人王传福等都是工匠精神的优秀传承者,他们让中国创新重新影响了世界。

新时代劳动教育

作为一名学生，你认为如何在学习中体现工匠精神？

7.工匠精神的内涵

总书记语录

大力弘扬劳模精神、劳动精神、工匠精神。"不惰者，众善之师也。"在长期实践中，我们培育形成了爱岗敬业、争创一流、艰苦奋斗、勇于创新、淡泊名利、甘于奉献的劳模精神，崇尚劳动、热爱劳动、辛勤劳动、诚实劳动的劳动精神，执着专注、精益求精、一丝不苟、追求卓越的工匠精神。劳模精神、劳动精神、工匠精神是以爱国主义为核心的民族精神和以改革创新为核心的时代精神的生动体现，是鼓舞全党全国各族人民风雨无阻、勇敢前进的强大精神动力。

——2020年11月24日，在全国劳动模范和先进工作者表彰大会上的讲话

第二节　工匠精神的当代价值

大工匠姜秀鹏——用实干诠释初心，以匠心铸就"如意"

2007年7月，姜秀鹏（见图3-2）以一名基层技术员的身份加入建设者的行列。作为"新鲜血液"，他的第一站便是远赴南极洲投身中国南极中山站项目的建设。7年的"冰雪"工作经历，为他今后的事业发展埋下伏笔。

2018年，北京和平昌在冬奥会闭幕式上完成奥运会会旗的交接，2022年冬奥会正式进入"北京时间"。由于冬奥会场馆是我国首批雪上竞赛场馆，相当一部分建筑无经验可资借鉴，验收话语权也均由国外单项赛事组织掌握，整个建设过程面临着功能性调整的风险；加之项目现场地处山地，物料运输无自然通行条件，气候多变，年有效施工时间仅为6个月。

恶劣的施工环境、紧张的工期、严苛的验收标准，成为承接冬奥会"三场一村"项目建设任务的"80后"项目经理姜秀鹏需直面的挑战。而在整个项目中，作为我国首座符合国际标准的跳台滑雪场地，也是北京2022年冬奥会张家口赛区冬奥会场馆群建设中工程量最大、技术难度最高的竞赛场馆的跳台滑雪中心——"雪如意"（见图3-3），成为姜秀鹏心中最放心不下的牵挂。

图3-2 大工匠姜秀鹏[1]

图3-3 "雪如意"

"雪如意"整体风格融入了中国文化中的如意元素，由顶部的顶峰俱乐部、中部的滑道和底部的看台组成，顶部最高点与底部地面的落差有160多米，坡度最高达到37°，整个工程面临极大的挑战。

"不同于国外依靠山势在山脊上修建的跳台滑雪滑道，'雪如意'将滑道设计在山谷，整个滑道部分都架空在山体上方，其中最高的架空高度达到30米。"

为了在施工建设全过程中贯彻"绿色办奥"的理念，姜秀鹏舍弃砍伐5000余棵林木修建运输道路的方案，改为采用5座动臂塔吊组成的特种塔机组相互传递的方式，逐步将建材运到指定位置，成功克服了坡度对施工的制约，使得项目的整体建设进度成功追上了预期。

"项目部每天围绕工程进度发现问题、解决问题。为了抢抓工期，我们必须确保当天发现问题，24小时内找到解决方法。"在姜秀鹏过硬的技术能力、丰富的管理经验和不畏困难的拼搏精神的推动下，"三场一村"的各项工作紧张而有序地推进着。临近3个竞赛场馆的认证日期，如何让国外专家认同中国人建造的场馆？如何确保认证顺利通过？怎样为2021年初的测试赛提供保障？这些问题在姜秀鹏脑中轮番闪现。他将压力化为动力，带领着项目部全体人员反复研究，科学组织，排兵布阵，不放过任何细节……2020年11月，3个竞赛场馆均一次顺利通过了国际奥组委和国际雪联等单项赛事组织的认证，并得到高度认可。

作为一名冬奥建设者，姜秀鹏用自己的匠心管理，为冬奥会成功举办贡献了力量。

想一想

从劳动精神、劳动态度及劳动品质等几方面，分析姜秀鹏是如何成就"雪如意"的。

实现中华民族伟大复兴的中国梦，不仅需要大批科学技术专家，同时也需要千千万万的

---

[1] 资料来源：河北工人报.超"技"英雄！2021年河北大工匠年度人物海报出炉啦[EB/OL].https://xw.qq.com/partner/vivoscreen/20210428A09UGY00.

能工巧匠。工匠精神作为一种优秀的职业道德文化，它的传承和发展契合了时代发展的需要，具有重要的时代价值与广泛的社会意义。

一、工匠精神支撑强国政策

经过改革开放 40 多年的发展，我国早已成为世界第一制造业大国。尽管我们成了"世界工厂"，贴着"MADE IN CHINA"标签的产品在世界上随处可见，大到汽车、电器制造，小到制笔、制鞋，国内许多产业的规模居于世界前列，但这里面依然缺少真正中国创造的东西，甚至一些外国人将其等同于"山寨"产品。这严重损害了中国企业和中国品牌的形象。在许多业内人士看来，我国制造业大而不强，产品质量整体不高，其重要根源之一就是缺乏具备工匠精神的高技能人才。

为实现中国从全球制造大国到制造强国的跨越，2015 年 5 月 8 日，国务院正式印发《中国制造 2025》，提出了中国政府实施制造强国战略第一个十年的行动纲领。中国要迎头赶上世界制造强国，成功实现《中国制造 2025》战略目标，就必须在全社会大力弘扬以工匠精神为核心的职业精神。只有把敬业、精益、专注、创新的工匠精神融入生产、设计、经营的每一个环节，实现由"重量"到"重质"的突围，中国制造才能赢得未来。

 名人名言 真正的科学精神，是要从正确的批评和自我批评发展出来的。真正的科学成果，是要经得起事实考验的。有了这样的双重保障，我们就可以放心大胆地去做，不会自掘妄自尊大的陷阱。

——李四光

◆ 拓展阅读 ◆

工匠精神点亮时代"质"光

"培育精益求精的工匠精神"；"大力弘扬工匠精神，厚植工匠文化，恪尽职业操守，崇尚精益求精"；"弘扬工匠精神，来一场中国制造的品质革命"……从 2016 年到 2018 年，连续 3 年，"工匠精神"一词都出现在政府工作报告中。工匠精神被看作推动中国制造的品质革命必不可少的动力和源泉，"质量之魂，存于匠心"已经成为全社会的共识。

越来越多的工匠们脱颖而出；关于工匠精神的讨论和思考，为其赋予了更有生命力的时代内涵；各种配套措施不断完善，有利于工匠们诞生和成长的土壤正在变得越来越深厚。

时尚的追求，时代的明星

38.4 万千米，是地球到月球的距离；0.3 毫米，是火箭发动机喷管的管壁厚度。正是凭借高凤林"丝毫不差"的焊接技术,"嫦娥"探月才成为现实。

5年,1500多次尝试,洪家光团队研发出成熟的航空发动机叶片滚轮精密磨削技术,将航空发动机这颗现代工业"皇冠上的明珠"打磨得越发闪亮夺目。

还有"高铁研磨第一人"研磨工宁允展,"军工绣娘"焊接高级技师潘玉华,敢于创新实践、争做革新先锋的试油工谭文波……每一位"大国工匠"都身怀绝技、身手不凡。

2018年10月15日,在国务院新闻办组织的记者见面会上,5位产业工人优秀代表围绕"做大国工匠,争当知识型、技能型、创新型劳动者"主题与中外记者见面交流。他们是普通劳动者,也是中国新时代工匠精神的杰出代表。在平凡的岗位上,他们执着坚守、创新前行、精益求精,在品质革命的征程中展现对质量的完美理解,共同奏响劳动光荣、创造伟大的时代旋律。

全社会弘扬工匠精神、工匠文化的氛围越来越浓厚,越来越多的优秀工匠从幕后走向台前,全社会掀起了一股学习工匠精神的清新之风。

全国总工会评选的2018年"大国工匠年度人物"中,有焊接火箭发动机的大师和高铁焊接的顶级技师,有被誉为"世界带电作业第一人"的特高压带电检修工和我国第一代核燃料师,有打破国际技术封锁和垄断的技术工人,有为北斗导航等国家重点工程做出突出贡献的高级技师和"天眼"射电望远镜装配人,有坚守大漠油田的"土发明家",以及年近90岁仍坚守一线的文物修复保护专家。他们最年长的86岁,最年轻的只有29岁。共青团中央、人力资源和社会保障部联合印发《关于命名表彰2016—2017年度全国青年岗位能手标兵和全国青年岗位能手的决定》,866名来自各行各业的优秀青年脱颖而出。北京工匠、上海工匠、齐鲁工匠、湖北工匠……各地工匠评选活动如火如荼、亮点纷呈。

社会各界对工匠们的嘉奖与尊重,正是对工匠精神的呼唤与渴望。心心在一艺,其艺必工;心心在一职,其职必举。工匠精神正在成为一种时代的追求。

新时代,新气质

工匠精神并不是舶来品,中国历来并不缺少工匠精神,是工匠传统最发达、工匠历史最悠久的国家。在推动我国经济迈向高质量发展的新阶段,工匠精神的时代内涵是什么?过去的几年里,人们为此展开了深入的讨论。

"大国工匠"高凤林认为,新时代的工匠精神包括三个方面:一是爱岗敬业,无私奉献;二是持续专注,开拓进取;三是精益求精,追求极致。

试油工谭文波表示,工匠精神总结起来是9个字:精于工、匠于心、品于行。精于工,就是对自己的技艺、对自己的产品精益求精;匠于心,是对心智的一种磨炼,要经得住冷嘲热讽,工匠路就是一条修心的路;品于行,是人品的淬炼,是用专注和执着去完成一个又一个的中国制造。

高级技师潘玉华认为,工匠精神是一个精益求精的过程,要持有一种怀疑、探索的态度,不断地在工作中磨炼和思考……

爱岗敬业的职业精神、精益求精的品质精神、协作共进的团队精神、追求卓越的创新精神,这些都是新时代工匠精神的基本内涵,而精益求精的品质精神则是工匠精神的核心,工匠精神本质上是一种质量精神。正如几位"大国工匠"不约而同讲到的,一个人之所以能够成为工匠,就在于对产品品质的追求只有进行时,没有完成时。

持之以恒,久久为功

工匠精神不会凭空产生,"大国工匠"需要成长的土壤。过去的几年里,有利于工匠们诞生和成长的法律、制度等配套措施正在不断健全与完善。

2018年3月22日,全国"两会"闭幕不久,中共中央办公厅、国务院办公厅印发《关于提高技术工人待遇的意见》,第一次把提高技术工人待遇上升到全局高度,摆在一个重要位置,抓住了技术工人最关心、最直接、最现实的利益问题。"鼓励企业为高技能领军人才制定职业发展规划和年资(年功)工资制度,科学评价技能水平和业绩贡献,合理确定年资起加点和工资级差。""试行高技能领军人才年薪制和股权期权激励,鼓励各类企业设立特聘岗位津贴、带徒津贴等,参照高级管理人员标准落实经济待遇。""研究探索对高技能领军人才在购(租)住房、安家补贴、子女接受义务教育等方面的支持政策,通过提供人才公寓和发放房租补贴等方式,解决引进高技能领军人才的住房问题。"一条条措施聚焦企业人才瓶颈,突出激励提升,强化问题导向,具有鲜明的导向性、针对性和标志性。

2019年2月13日,被称为让职业教育真正"扬眉吐气",为"大国工匠"打造更好摇篮的《国家职业教育改革实施方案》由国务院印发。针对当前社会对职业教育的认识存在偏差、技术技能人才发展的渠道窄、职业教育吸引力不强、企业参与办学的积极性不高等难题,该方案提出一系列措施,为办好新时代职业教育进行了顶层设计和蓝图规划。正如媒体所评论的那样,世界经济的竞争,很大程度上是科学技术和制造业的竞争,这种竞争不仅需要一流的管理人才和研究人才,也需要一流的能工巧匠,必须建设一支高素质的产业工人队伍,培养更多的"大国工匠"。

不管是提高技术工人待遇,还是发展新时代职业教育,高技能人才诞生和成长的土壤正在变得越来越深厚,工匠精神正在不断得到传承与发扬。

二、工匠精神提升品牌竞争力

餐饮匠人凭借"食不厌精、脍不厌细"的工匠精神打造的中华老字号"全聚德"烤鸭驰名中外;水利工程都江堰匠心独运、巧夺天工,古今无可比拟;海尔、格力、华为更是响当当的中国知名品牌。塑造良好的品牌形象，有效开发、经营品牌资本，是企业参与市场竞争、占领市场制高点的重要手段。而工匠精神对企业品牌形象塑造和品牌资本创造具有很大的促进作用。

此外，工匠精神是企业品牌内涵的重要体现，也是提升企业品牌知名度、美誉度以及培育顾客忠诚度的有效途径，更是企业品牌资本价值增值的重要来源。

三、工匠精神促进个人成长

工匠精神作为一种职业精神，是我们提升个人精神追求、完善个人职业素养、实现个人成长进步的重要道德指引。事实上，我们所具有的高尚职业操守和强烈的工匠精神同专业知识技能一样，是我们自身立足职场的重要条件和在未来职业生涯中脱颖而出的制胜法宝。

工匠精神落实在个人层面，就是一种认真精神、敬业精神。其核心是不把工作仅仅当作赚钱、养家糊口的工具，而是树立起对职业敬畏、对工作执着、对产品负责的态度，极度注重细节，不断追求完美和极致，为客户提供无可挑剔的体验。将一丝不苟、精益求精的工匠精神融入每一个环节，做出打动人心的一流产品。

工匠精神对个人、社会和国家的作用分别是什么？

第三节　传承弘扬工匠精神　共建共享美好社会

"桐庐工匠"张家建

张家建，籍贯安徽，是一个不折不扣的新桐庐人，他于2013年进入久缘餐饮管理有限公司，任桐庐久缘餐饮管理有限公司行政总厨。他是国家中式烹调高级技师、中国烹饪大师、浙江烹饪大师、浙江桐庐县职业技能带头人，精通浙菜、杭帮菜，擅长江南文化菜，也善于进行现代化厨房管理。

张家建师从中国烹饪大师高俊厂先生，从事厨师工作近20年，他热爱本职工作，勇于吃苦。出于对厨师行业的热爱，不管在哪儿，他都将工作看作一份事业、一次磨炼。在师父的带领下，张家建参加了各种全国省市烹饪厨艺大赛，获得了众多荣誉。在张家建的心里，每一项荣誉都是对他的一次鼓励。

由张家建研发制作的"春江鱼宴"（见图3-4）在2017年被评为"中国名宴"，曾代表杭州政府及杭州餐饮协会赴贵阳、银川等地交流推广杭帮菜。

张家建在第二届中国国际饭店业大会暨亚洲名厨大会颁奖盛典活动中，荣获2017年"亚洲十大青年名厨"称号。

图3-4　张家建和他的"春江鱼宴"[1]

工匠是如何让生活更美好的？

2020年11月24日，习近平总书记在全国劳动模范和先进工作者表彰大会上的重要讲话，再次对弘扬劳模精神、劳动精神、工匠精神进行了系统深入的阐释。总书记强调，要大力弘扬劳模精神、劳动精神、工匠精神。劳模精神、劳动精神、工匠精神是以爱国主义为核心的民族精神和以改革创新为核心的时代精神的生动体现，是鼓舞全党全国各族人民风雨无阻、勇敢前进的强大精神动力。

一、弘扬工匠精神的意义

在新时代提倡工匠精神，不仅具有强烈的时代意义，而且有深刻的历史必然性。

首先，弘扬工匠精神，是为了造就一支力量强大的产业工人队伍，以满足我国实现建设社会主义现代化强国目标的需要。工匠精神推动我国由制造大国向制造强国转变，实现从"中国制造"到"中国创造"的跨越。党的十八大提出了实现"两个一百年"的奋斗目标，要实

---

[1] 资料来源：同乐汇."桐庐工匠"张家建获"亚洲十大青年名厨"称号！[EB/OL].(2017-11-28).https://www.sohu.com/a/207161520_349115.

现这一目标，急需造就一支有理想、守信念、懂技术、会创新、敢担当、讲奉献的强大的产业工人队伍，必须大力弘扬工匠精神。

其次，弘扬工匠精神，是适应国际竞争、推动中国制造走出去的需要。近年来，许多国家提出了各种具有前瞻性的发展战略，我们只有加快经济发展方式转型和产业结构升级，才能在激烈的国际竞争中站稳脚跟，才能推动我国企业走出去。因此，大力弘扬工匠精神，培育大批大国工匠，全面提升职工素质，已成为当务之急。

最后，弘扬工匠精神，是满足个性化、定制化生产的需要。当前，我国正经历从工业化向信息化时代的转变。飞速发展的互联网、大数据、物联网、人工智能技术，正改变着人们的生产方式和生活方式。与千篇一律的工业化生产不同的是，如何满足消费者个性化和定制化需求，已经成为企业竞争的核心。因此，随着信息化时代的到来，重提工匠精神，也就具有了某种历史必然性。

工匠精神就是看不到的地方也要做精致。

——雷军

二、在实践中传承工匠精神

在我们身边，匠人无处不在，他们是各行各业的从业者，弘扬工匠精神是时代的需求，也是一种文化的传承，工匠精神的本质是精业与敬业，这种精神融入工匠们的血液之中，技艺为骨，匠心为魂，共同推动着我国技术的创新发展。匠人们执着、坚守，对自己的产品精雕细琢，他们拥有精益求精的匠心。例如，"大国工匠"李万君的付出使我国在高铁技术方面从追赶者变成领跑者；铁轨工匠信恒均潜心21年苦心钻研，成为"土专家"；在故宫里思考十年，修复两年，让古钟出尘现光华的王津……他们都是具有工匠精神的人，是值得我们学习的榜样。

面对国内经济发展新态势和产业结构调整升级，区域经济与产业经济发展布局面临着新机遇，新时期的企业在用人上除重视职业技能外，更看重的是人才的职业精神和职业态度。今天，作为中职生的我们，为了应对就业岗位提出的挑战，需要向具有工匠精神的匠人们看齐，学习他们追求卓越的精神，学习他们打磨细节的态度，学习他们坚持不懈的毅力。在学习、实习、实训、社会实践活动中，不断探索、创新，在实践中培养吃苦耐劳的奉献精神，树立正确的职业观念，切实传承、践行工匠精神。我们还要理论联系实际，深入工厂，到企业中接触一线工人，感悟工匠精神，学习工匠精神，将这种精神真正落实到自己的行动中。

◆ 案例故事 ◆

"深海钳工"第一人

中国"深海钳工"第一人、全国五一劳动奖章、全国技术能手、全国职业道德建设标兵、全国最美职工、中国质量工匠、大国工匠、齐鲁大工匠……一系列沉甸甸的荣誉集于一身,他就是中交第一航务工程局第二工程有限公司总技师管延安。

在黄海之滨,山东青岛,管延安从学徒做起,练就了精湛的钳工技术;在南伶仃洋,他参与建设举世瞩目的港珠澳大桥,在深海作业(见图3-5),他凭借一丝不苟、追求极致的工匠精神,实现了拧过的60多万颗螺丝零失误,确保这一世界首条外海沉管隧道"滴水不漏"。如今,他仍坚守在生产一线,传承工匠精神,随时听从派遣,到祖国建设最需要的地方去。

图3-5 管延安在深海作业[1]

追求卓越:毫米之间见"匠心"

管延安出生在农村,1995年初中毕业后,跟随亲戚来到青岛当学徒,干钳工。从那时起,他就发现自己对机械维护、设备安装等工作特别感兴趣。管延安要求自己干一行、爱一行、钻一行,他勤学苦练,遇到不懂的就请教,或者翻书查找资料,慢慢练就了一身过硬技术。

2013年,管延安受命前往珠海牛头岛,带领钳工团队参与建设港珠澳大桥岛隧工程。长达5.6千米的外海沉管隧道,由33节巨型沉管连接而成。在最深40米的海底实现厘米级精确对接,在业内人士看来,其难度系数丝毫不亚于"神舟九号"与"天宫一号"的对接。

管延安和他的团队主要负责沉管舾装和管内压载水系统等相关作业。虽然此前参与过国内最大集装箱中转港——前湾港等大型工程建设,有着丰富的工程建设经验,但是面对港珠澳大桥所采用的大量高科技、新工艺,以及120年使用寿命的高质量要求,管延安还是从零开始,虚心学习,不断积累经验。

管延安的一项工作是负责安装沉管阀门螺丝。如果在陆地作业,只要拧紧螺丝就够了。但要在深海中完成两节沉管的精准对接,确保隧道不渗水、不漏水,沉管接缝处的间隙必须小于1毫米。1毫米的间隙,根本无法用肉眼判断。可管延安硬是通过一次次拆卸练习,凭着"手感"创下了零缝隙的奇迹。为了找到这种感觉,他拧螺丝时从不戴手套,为的是有"手感"。经过数万次的重复磨炼,管延安练就了一项骄人的高精准绝技:左右手拧螺丝均实

---

[1] 资料来源:津滨网.人物风采|全国劳动模范管延安:锤子"敲"出的大国工匠[EB/OL].(2020-12-12).http://tjbh.com/c/2020-12-12/810710.shtml.

现误差不超过1毫米。在一次次操作中,他甚至还练就了"听感",通过敲击螺丝,从金属碰撞发出的声音,判断装配是否合乎标准。他能听出不一样的安装发出的不一样的声音。管延安从此获得中国"深海钳工"第一人的美誉。

精益求精:60多万颗螺丝零失误

管延安知道,港珠澳大桥是一项重大工程,对全面推进内地与香港、澳门互利合作具有重大意义。作为这项工程的参与者,他有着至高的荣誉感和责任感。也正是秉承着筑造精品的匠心,他和团队成功建造了世界首条"滴水不漏"的外海沉管隧道,为这项超级工程提供了坚实的保障,也助推中国从桥梁建设大国走向桥梁建设强国。在参建港珠澳大桥的5年时间里,管延安和工友们先后完成了33节巨型沉管和6000吨最终接头的舾装任务,做到手中拧过的60多万颗螺丝零失误,创造了中国工匠独有的技艺技法。从第一颗螺丝到最后一颗螺丝,都是在管延安的带领下认真仔细地一颗一颗拧紧的。在每一件设备、每一颗螺丝安装完成后,管延安都要反复检查才放心。

工作上,管延安的较真是出了名的。以蝶阀安装为例,他在安装前会检查三遍蝶阀和各个零部件。安装后,再检查三遍,最后还要调试检验。指导新人时,他最常挂在嘴边的话是"再检查一遍",强调最多的是"反复检查"。在长期的工作中,管延安养成了一个习惯:给每台修过的机器、每个修过的零件做记录,将每个细节详细记录在施工日志上,遇到任何情况都会"记录在案",他的施工日志里面不但有文字,还有自创的"图解"。在港珠澳大桥建设期间,他同样制作了"图解档案",其中的几本被收录进港珠澳大桥沉管预制博物馆。港珠澳大桥管理局副局长余烈曾这样评价管延安:"凡他经手的每个螺钉紧固、设施测试都安全可靠,这种作风是工匠精神的具体体现,也正是这种精神,成就了港珠澳大桥这一世纪工程的高品质。"

不忘初心:带领团队研发创新

港珠澳大桥建成通车后,管延安回到位于青岛的中交第一航务工程局第二工程有限公司。公司专门成立了"大国工匠管延安创新工作室",他作为领衔人,与工作室成员一同从事沉管、船舶研究。

"津平1号"是目前世界上最大的外海抛石整平船,对四条90米高的桩腿进行润滑保养,一直是操作工人解决不了的难题。管延安带领工友和技术人员攻关研讨,提出了自主研发润滑加油装置的思路,在船上攻关1个多月,成功研制出桩腿齿轮喷淋加油润滑装置。这是一项涵盖了设备制造、技术创新和船机改造等不同业务的创新成果,总制造成本不到3万元,比最初引进德国进口设备的方案,节省资金240多万元。

尽管已经是公司的总技师,但管延安仍然忙碌在生产一线,平时最喜欢听的仍是机械加工和锤子敲击声。20多年的钳工生涯,他乐此不疲。"宝剑锋自磨砺出",他认为只有扎根一线，不断精益求精，技艺才能臻于至善。

参与港珠澳大桥建设的经历，也让管延安更加深刻体会到工匠精神和技术创新的重要性。已过不惑之年的他，仍保持着勤于学习的劲头。在他工作的地方，厚厚的技术书籍摆了高高一摞。工作闲暇之余，他经常拿出自己攒下的工作日志，仔细琢磨研究，将其中的技术要领和心得传授给年轻的工友。

"不能在荣誉面前止步不前。作为一名共产党员，我将不忘初心，砥砺前行。"管延安说，目前公司还承接了深中通道、大连湾海底隧道等重大工程项目，他随时听从派遣，到祖国建设最需要的地方去，坚守并传承工匠精神，把新时代产业工人的名片擦得更亮。

探究与分享

作为一名中职生，你认为应该怎样传承工匠精神，共建中国梦？

第四章
大国尚技

学习目标

知识目标

1. 了解我国职业教育的使命和发展历程。
2. 由我国职业教育的快速发展认知自己的时代使命。

素质目标

1. 清楚自己的时代使命。
2. 立足现实,练就过硬本领,树立职业荣誉感,绘制职业生涯蓝图。

第一节　绘制梦想蓝图

职校生走进清华大学当老师：通百才，不如专一门

"成为老师这件事，的确没有在我的预想和规划中。但十年来，我从来都没有改变过在机电一体化领域发展的初衷。"接受采访时，清华大学基础工业训练中心的实训指导教师王佐刚刚走出学生们实习成果答辩的教室。职校毕业的他走上了世界名校的大平台，成了一名教书育人的老师。

"我可以有底气地说，我不仅做到了'爱一行，干一行'，更做到了'干一行，爱一行'。"王佐说，他已经离不开教室和几乎与他同龄的学生们了。

王佐是来自平谷的一位普通男孩，初中毕业时，出于对未来就业的考虑，他放弃了读普通高中的机会，而选择了从业面较广的北京电子科技职业学院机电一体化专业，从此开启了他与母校长达七年的缘分。"说实话，中专毕业的时候，面对直接就业还是继续留在学校读大专的选择，我还是有过犹豫的。"王佐说。而真正让他做出选择的，是中专时一个小小的遗憾——因意外而在学校数控大赛退赛。"越到临近毕业时，想要弥补这个遗憾的心情越迫切。出于小小的'报复心理'，我选择继续读书，中专时没做好的事，我要在大专完成。"

大专时，王佐选择的仍是机电一体化专业，"我从来就没有考虑过换专业，只有长期、系统地学习才能真正精通一门学问。我一直认为'通百才，不如专一门'，以后我要靠这一门手艺'吃饭'呢。"而中专时的遗憾，王佐也在大专时完满弥补了，"大一的时候，在北京市机电比赛中，我们团队获得了二等奖的成绩；大二时，我们以北京市一等奖的名次入选全国比赛。"

一转眼，七年的学习生涯已到尽头，王佐面临着毕业、就业的考验。由于性格乐观、技术成熟，王佐被院系的老师推荐到了北京吉利学院担任数控和车床两门实践课程的指导教师。"这我可万万没想到啊。"王佐开玩笑说。一直以来，他对自己将来的职业定位都是做一个操作工人，当一个"蓝领"。当上老师、教书育人，让他既惊喜又忐忑。

刚开始的一个月里，王佐还真有点"问心有愧"，刚毕业，自己还是一身学生气，哪有教书的经验，怎么带学生？这时候，母校院系里的各位经验丰富的老师纷纷发话："佐儿，刚参加工作不容易，有什么不会的随时发问，我们随时作答。"吃下了这颗"定心丸"，王佐开始在工作中发奋积累经验，遇到不懂的问题就积极提问，努力改变"新兵上阵"的生涩和尴尬。"最开始的一个多月特别辛苦，每天上午下午都在上课，授课时长超过14个小时。早上7点来到学校，晚上8点才能回到宿舍。"那段时间，王佐平时不敢开口说话，嗓子都是哑的。经过一个月的琢磨、切磋，王佐提高了教学水平，终于成为一个站在讲台上无愧于心的老师。

2013年，王佐突然接到母校北京电子科技职业学院校领导的电话，叫他回校一趟。一见面，院长问他："想不想挑战一下自己？"王佐斩钉截铁地回答："想！"院长卖了个关子，又问："想不想去世界名校工作？""想！"院长再次直接发问："想不想去清华大学工作？"王佐却没说话，当时他别提多激动了："我能不想吗？我是连想都没敢想！"原来，由于性格沉稳、经验丰富，学校把他作为优秀毕业生推荐给了正在求贤的清华大学基础工业训练中心做实训指导教师。

数字铣床、数字车床、3D打印、三坐标测量……努力的王佐是单位里持有上岗证最多的，他指导过的学生不下千人。"比如不久前，我们就为一个学生团队设计的残疾人假指的项目提出了修改意见。拿到设计稿时，我发现假指关节的轴、孔之间缺乏间隙，这让假指回弯成了不可能实现的事。于是我们调整了参数，3D打印出不同的模型进行匹配，最终找到一个合适的尺寸，完成了这个项目。"目前，这个学生团队设计的项目正在筹备投入市场，这让王佐心里挺自豪。

清华大学是名校，学生们既有想法又有个性。职校毕业的王佐站在讲台上却一点都不发怵，他说："术业有专攻，在机电一体化专业方面，我力图学得最深入、教得最详尽。"十多年来，王佐不改初衷，从来没有放弃对专业的热爱和探索。"既然学生们叫你一声'老师'，你就要把'老师'做值了！"王佐说。他自己做到了对每一个学生都问心无愧，并将一直坚持下去。

💡 想一想

1. 想一想，王佐是怎样从职校学生逆袭进入清华大学当老师的？
2. 什么是职业生涯？

刚刚迈入中等职业学校大门的你，梦想过未来吗？青年时代是多梦的时代，每个人都有理想和追求，都有自己的梦想。这是多彩的梦，是走向社会的梦，是憧憬未来的梦。每个人都可以绘制属于自己的梦想蓝图。

一、树立职业理想

理想是人们对未来的、有根据的、合理的想象和希望。理想的内容反映的是追求，体现的是抱负。理想犹如人生道路上的明灯，为我们的未来指明方向。风华正茂的中职生应该有美好的人生理想。

人的一生中，职业非常重要，它是我们获取劳动报酬、维持生存的手段，也是实现自我价值的载体，更是实现人生抱负、为社会做贡献的平台。职业生涯是指一个人一生的职业历程，即一个人一生职业、职位的变迁及职业理想的实现过程。职业生涯规划则是"圆梦"计划，是个人对自己一生职业发展道路的设想和谋划，是对个人职业前途的展望，是实现职业理想的前提。

◆ 知识链接 ◆

职校生可保送本科，让年轻人多一条赛道

在世界技能大赛中获奖的中职、高职毕业生，具备保送至本科高校深造的资格。2020年4月，教育部印发的一则通知，引发了广大职校生和职业教育工作者的热议。世界技能大赛有"技能奥林匹克"之称，每两年举办一届，是当今世界地位最高、规模最大、影响力最强的职业技能赛事。

在社会提倡发展职业教育、培养高级技术工人的当下，这一政策无疑具有重要的指向意义。尽管世界技能大赛的获奖者都是相关专业的佼佼者，最终能够保送入读本科高校的职校生只是少数，但这为职业教育与普通高等教育平等发展，打通职业教育与普通高等教育之间的通道，提供了积极的示范。

长期以来，职业教育与普通高等教育"分两条腿走路"，优秀的职校生难以获得理论深造的机会，而对从事技术工作有兴趣的本科生缺乏实践技能的培训机会。社会上也存在职业教育天生低人一等的偏见，似乎只有中考、高考失败的人才会入读职校。这种现状和刻板印象，导致职业教育在生源、师资、人才培养等方面缺乏竞争力，学生对职校的归属感和认同感也不够高。

符合现代产业需求的高级技术工人，需要正规化、成体系的教育机构的培养。仅仅依赖传统"师父带徒弟"的模式，职业人才的水平可能参差不齐，缺乏对所从事专业的系统性认识，这限制了其进一步创新的空间。因此，培养"大国工匠"，高等职业教育需要融入高等教育体系。

不仅部分优秀的职校生存在进一步学习理论的需求，也有一些本科生期待获得接触职业教育、锻炼职业技能的机会。此前，北京大学本科生周浩因更喜爱实践操作，从北京大学退学，转学到技校学习数控技术，此后如鱼得水，还获得了全国数控技能大赛冠军。山东大学也有一位电子专业的学生为培养实践能力，到技校学技术。事实证明，理论积淀与专业实操是不可割裂的，具备理论基础的人能在实践操作中游刃有余，拥有实践经验的人不仅有助于推动理论创新，也能通过理解理论来锤炼技艺。

在近年来严格控制保送生规模的背景下，职校生保送到本科高校，会不会造成新的问题？就相关政策透露的信息来看，公众不必多虑。教育部在通知中明确指出，保送录取本科专业的高校限本科层次职业学校和应用型普通本科高校，且要求对申请攻读本科专业的中职毕业生增加文化课考核。如此谨慎的安排，既为优秀职校生提供了深造机会，也可避免他们无法适应本科学习环境，坚持了学习能力与受教育层次相匹配的原则。

打通职业教育与普通高等教育之间的通道，不仅为相关个人的事业选择创造了更多可能性，也是对人才发展规律的根本遵循。允许年轻人在不同的人生赛道切换，才能使他们在探索和尝试中确定更适合自己的方向，而不再因为"一考定终身"的思维限制前程。职业教育与普通高等教育互相兼容，也有助于提高职业教育的社会认知度，让有才华的人放下心理包袱，朝着自己的目标前行。

职业教育不是学习失利者不得不选择的"死胡同"，普通高等教育也不是适合每个人的道路。教育只有更开放，才能量体裁衣，为不同受教育者提供差异化的成长平台。当职业教育与普通高等教育不再是谁取代谁、谁压倒谁的关系，社会对各类人才也能给予平等的尊重，才能消除偏见和刻板印象，充分激发工匠精神和创新力，让每所学校都能培养出符合社会需求的人才。

二、绘制职业生涯蓝图

（一）把理想变成现实需要务实的规划

"有志者，事竟成。"树立理想固然重要，而为其做好规划，将其落到实处，才能真正将理想变成现实。作为一名还未走上工作岗位的中职生，在确定职业理想后，首先要做的就是制订一份职业生涯规划。

职业生涯规划必须务实，具有鲜明的个性，符合个人的实际，有明确的方向和可操作性。特别是目标要明确，阶段要清晰，措施要具体。这样的规划才具有指导和激励自己奋发向上的实际效果。

（二）规划的过程就是提高自己的过程

职业生涯规划的过程，是了解自己、了解职业、了解社会的过程，是恢复自信、树立理想、形成动力的过程。它要求我们从调整自我到提高自我，再到适应岗位，为走向社会后的可持续发展做准备。

中职生在规划职业生涯的过程中，要强化职业意识，巩固和完善职业理想，认识到职业道德行为养成和专业学习对实现职业理想的作用，形成正确的职业观、择业观、创业观以及成才观，提高职业素养和职业能力的自觉性，以此规范并及时调整自己的行为，积极做好适应社会、融入社会和就业、创业的准备。

只有制订出适合自身发展的职业生涯规划，才能把命运掌握在自己手中，才能实现自己的职业理想。

名人名言

凡事皆贵专心，有所专宗，而博观他途，以扩其识，亦无不可。无所专宗，而见异思迁，此眩彼夺，则大不可。

——曾国藩

探究与分享

你怎样规划自己的职业生涯？

总书记语录

不忘初心，方得始终。我们唯有踔厉奋发、笃行不怠，方能不负历史、不负时代、不负人民。

——2021年12月31日，习近平发表二〇二二年新年贺词

第二节　练就过硬本领

课堂导入

刘丽：油田的创新能手

一代人有一代人的长征，一代人有一代人的担当。正是因为一代又一代青年的奋斗，

因为人们有为祖国奉献的理想和精神,才有了我国各行各业的飞速发展。

大庆油田是我国工业战线的一面旗帜,诞生于这里的"大庆精神""铁人精神"影响了共和国一代又一代的劳动者。采油工刘丽(图4-1)是大庆油田新一代的石油人。如何让日常工作干得更巧、更快、更好?抱着这种简单的想法,刘丽开始了创新之路。到现在,她已经获得了大大小小的创新成果奖项145项,其中国家专利就有28项。

在大庆油田第二采油厂,刘丽带着徒弟们对最新一代的抽油机井口盘根盒进行调试。她一边调试,一边说:"转动这个盘根盒的外壳,然后这个密封圈就出来了。"更换盘根盒中的密封圈,是采油工巡检中发现井口出现漏油时候必须要做的,这个活儿看似简单,在过去却是采油工最不愿意做的。

图4-1 刘丽[1]

"平常我需要拿螺丝刀顺着方向一点一点抠取,螺丝刀伸下去没有活动的空间,越深越难抠取。我们经常把螺丝刀都掰弯了也抠不出来,如果碎块在底部,根本就取不出来。"

几十年来,采油工们一直都在用抠取的办法更换盘根盒,虽然他们也自创了一些工具,但都没有从根本上解决更换难的问题。那时担任井长的刘丽也在重复这项工作,如何改变这种更换方式,刘丽几乎天天都在琢磨。

"有一次,在使用口红的时候,我转动的是口红的底部,但口红是从上面慢慢露出来的,当时我恍然大悟,就想到了通过旋转的方式把这个密封圈顶出来。"

通过改变盘根盒的上下结构来使密封圈自己旋转出来,这个想法让刘丽非常欣喜。她立即着手设计图纸,寻找厂家加工。第一个上下可调式盘根盒在2000年生产出来,刘丽第一时间把它装到了自己管理的抽油井上试验。

"我和我丈夫,夜里都特别担心,连着好几天夜里我俩一起上井,围着井去看它,开始头几天都挺好的,我觉得挺高兴。后来有一天晚上,我俩又到井上去看,发现漏油了,当时我心里特别难过。"

仔细查找原因,刘丽发现原来是密封圈磨损造成了漏油。为了找到合适的密封圈材质,刘丽几乎跑遍了大庆市的所有五金店,终于找到一种尼龙棒,自己进行加工、扣形制作,

---

[1] 资料来源:中国石油新闻中心.记大庆油田第六作业区采油48队采油二厂采油工刘丽[EB/OL].(2018-06-14). http://news.cnpc.com.cn/system/2018/06/14/001694184.shtml.

最终解决了漏油问题，这一项创新发明，就让更换一次盘根盒的时间比原来节省了近五十分钟；同时盘根盒不仅使用期限延长，还带节电功能。自推广以来，已创造经济效益上千万元。

"原来大家只是按部就班地来做这些工作，但是现在我们可以说真的就是擦亮了眼睛，甚至是把创新当成一种习惯。"

在刘丽的眼里，只要是工作中不顺手、不方便、效率不高的地方，都可以创新。多年来，刘丽取得的创新成果有145项，抽油机井调平衡专用工具、防盗维修封井器等获得国家专利的项目就有28项。刘丽的创新热情也在影响着身边的同事，她的工作室成员已经超过500人，涉及30多个工种，每个人都向她学习。

熟悉刘丽的人都知道她是个对工作追求完美的人，却很少知道背后的原因。1997年，23岁的刘丽经过层层筛选，赢得了代表大庆油田参加全国青年岗位能手技能比赛的机会。比赛中，她背着35公斤的皮带完成作业只用了15秒，这一纪录至今无人打破，但却由于一个小失误，最终得到第三名。

"别人都觉得这个成绩很好了，但是领奖的时候只有我自己在哭。我经常会后悔，就像放电影一样，在脑海中回忆比赛场景，我就想自己如果没有失误就好了，所以之后当老师时我就特别严谨，不想学生重复我的遗憾。"

刘丽的徒弟邹继艳一直保留着一个失败的取样阀，这是当年她为了年底评审创新项目赶出来的一个产品，因为引流孔的大小不合实际，被师父刘丽毫不留情地否决了。邹继艳说："她那种严肃的状态是我以前没有见过的，我就懵了。她非常严肃地跟我说，我们做革新是为了应用于生产实际，而不是为了评奖。"那年底，邹继艳的产品最终也没能参加评审。但在师父刘丽的指导下，第二年她研发出了一个全新的取样阀，还获得了创新创效奖。

只要是刘丽经手的事儿，就都有她的痕迹，她一定要把这个事情做到自己满意，让别人无可挑剔。

💡 想一想

仔细体会，刘丽身上具备怎样的职业精神，有哪些过硬的本领？

奋斗新时代，青春正当时。成功从不偏爱谁。提高内在素质，锤炼过硬本领，才能成就自己的人生梦想。

当今社会分工日益细化，知识更新的速度加快，新技术、新业态层出不穷，作为中职生的我们，应勇担时代的神圣使命，拓展思维视野，顺应时代观念，提高认知水平，用新的业绩为国家经济和社会发展增添动力。

创新，是人类社会发展的动力源泉。我们面对的是高速发展的社会、日新月异的世界，只有把握住时代的主旋律，才能掌握民族发展命运的关键，而创新则是应对各种挑战的制胜法宝。

古人云："胸有凌云志，敢为天下先。"作为新时代的青年，既要与时俱进、开拓创新，努力抓住发展机遇，不断探寻新的路径，又要永不自满、永不懈怠，不断开辟新的领域。我们要用创新创造为深化改革增添动力，用信念使命为民族复兴激发活力。

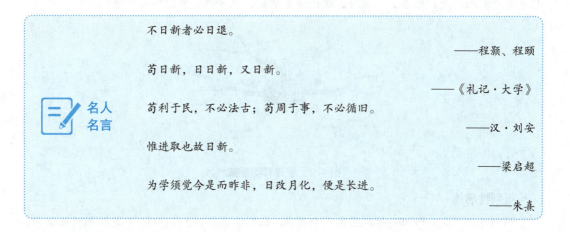

名人名言

不日新者必日退。
——程颢、程颐

苟日新，日日新，又日新。
——《礼记·大学》

苟利于民，不必法古；苟周于事，不必循旧。
——汉·刘安

惟进取也故日新。
——梁启超

为学须觉今是而昨非，日改月化，便是长进。
——朱熹

◆ 知识链接 ◆

如何培养创新思维？

当代的世界是创新的世界、竞争的世界，每个国家之间的竞争都可以说是创新的竞争。每次的创新发明都会引起世界的轰动，带动世界的发展。既然创新那么多好处，我们如何去寻找创新的灵感？如何去创新？

8.如何培养创新思维

打破固有的心智模式

创新的第一要求是什么？笔者觉得应该是突破我们传统的心智模式与心智枷锁。创新就是与平常不一样，要打破常规，打破我们平时的思维，不能用我们的惯性思维去处理问题。QQ是我们用得很多的交流平台，但是它不像微信那样使用广泛。为什么？因为微信是在QQ基础上加上了支付功能，以前是现金的时代，现在线上支付更加方便快捷。线上支付手段虽然方便，但是也出现了电信诈骗等弊端。很明显，每次创新的发明都会伴随着利与弊的发生，但是利往往会大于弊。

转变思维

转变思维是一种重要方法，我们的思维定式会阻碍创新。思维是我们大脑对日常的认识与认知，使我们习惯于这样或者那样。逆向思维就是我们反其道而行之，从新的角度来看待问题。

善于利用思维导图

思维导图（见图4-2）是创新思维训练的最佳方法之一，它由英国学者 Tony Buzan 在 20 世纪 70 年代初期所创，是一种组织性思维工具，是将放射性思考具体化的方法。思维导图大多是通过带顺序标记的树状结构来呈现思维过程，将放射性思考具体化。它主要借助可视化手段促进灵感的产生和创造性思维的形成，当我们借助思维导图，把两个表面看起来毫无关联的事物联系在一起时，就开始了创新，也开启了大脑的无限潜能。

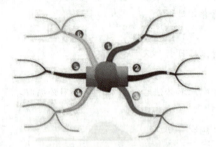

图4-2 思维导图框架

批判性思维

批判性思维是一种可行性极强的创新思维。批判性思维，通俗地说，就是批判性地思考。批判性思维要求我们敢于反潮流，克服"顺从倾向"，敢于坚持自己认为对的思想，要有高度的独立性，树立自我意识，在学习时形成不同的思考角度，最后得出独立的判断。求真、公正、反思的精神是批判性思维的核心。培养批判性思维有助于培育和鼓励创新，批判性思维在创新过程中所起的重要作用不容忽视。批判性思维强调观点或论证的清晰性、一致性、合理性，这和创新是一致的。

简化思维

当我们面对千头万绪的复杂问题而束手无策时，或许，我们可以尝试将那些并非必要的纷繁信息忽略，从而从问题的本质或骨干去着手分析，并寻找灵感，这就是简化思维。这种思路能使我们将力气用在刀刃上。

复制和移植思维

复制和移植思维就是把运用于某一领域的方法、思维、理论、技术、功能、规律、知识、工具等应用于另一领域，以解决这一领域存在的问题的一种思维方法。当我们的创新思维毫无头绪的时候，我们可以尝试复制与移植思维。复制和移植思维的应用不是随意的，而是有它自身的客观基础，即各研究对象之间的统一性和相通性；复制和移植也不是简单的相加或拼凑，它本身就是一个创新过程。

包容性思维

所谓包容性思维，是指将一些看似互不关联，甚至互相矛盾的思想、观点、理论，经过一定的加工改造，使之互相兼容、融为一体的思维方法。过去，信息和知识由权威专家或媒体提供，是高度结构化的；而在信息化时代，学习领域出现了去中心化现象。信息和知识不再仅由专家和权威媒体发布，众多自媒体都成为信息与知识的来源。在我们接触到的数量庞大的信息与知识碎片中，不乏交叉、重叠、对立、包含、类似之处，传统的思维方式已无法应对信息超载和知识碎片化的挑战，我们需要用包容性思维将这些"碎片"统一起来，使之各安其位、和平共处，共同组成一个完整的、立体化的知识体系。

探究与分享

结合自己的专业特长和兴趣爱好，谈谈怎样练就一身硬功夫。

总书记语录

各级党委和政府要高度重视技能人才工作，大力弘扬劳模精神、劳动精神、工匠精神，激励更多劳动者特别是青年一代走技能成才、技能报国之路，培养更多高技能人才和大国工匠，为全面建设社会主义现代化国家提供有力人才保障。

——2020年12月10日，致首届全国职业技能大赛的贺信

第三节　技能成就梦想

课堂导入

顾春燕：巧手点亮雷达之眼

用比头发丝还细的金线，将芯片与外部电路连通，这种工艺被称为金线键合。和传统意义上的焊接不同，这种工艺通过针尖的超声振动，使得金线与焊盘形成分子间连接，来达到微焊接目的，全部流程必须在显微镜下完成。

在中国电子科技集团公司第十四研究所（简称中国电科十四所），就有这样一位女工艺师，她用自己的一双巧手，串联起我国最尖端雷达的核心。

一克黄金，拉出10微米直径、661米长的金线，这大概是一根头发丝粗细的八分之一，

用这样的金线来键合雷达收发组件，没有机器可以完成，只能靠人。

这种对芯片的极致要求来自太赫兹雷达，它是未来战场上对动态目标探测成像的"杀手锏"，它的极高频率，要求芯片内部器件之间的间隔必须呈几何级数缩小，同样，用来连接器件的金丝也必须细到极限。顾春燕需要把组装的不可能变成可能。这场焊接不用焊枪，没有火星，高倍显微镜下6万赫兹的振动频率，通过她右手的触碰，将中国最尖端雷达设备的收发组件一点点串起。

2007年，顾春燕技校毕业进了中国电科十四所。那时所里刚开始研究微组装，为了练技术，她甚至会用尺子反复测量手腕抬起的高度，只为了键合时能让金线拱起的弧度一致。也就在那一年，脱颖而出的顾春燕领到了一把编号1的小镊子，和9个同事装起了中国第一部星载相控阵雷达中的上千个组件。十多年过去了，镊子闪亮如新，而大块头组件变成了指尖大小的方格（见图4-3）。

图4-3　芯片由大到小的变化

芯片有四个通道，十几层，每一层都有正反两面，每一层里面的器件都密密麻麻的，几乎没有什么距离。

这样的距离不是毫厘之间，而是以微米来计算。2014年春天，高分三号卫星研制到了关键阶段，这是我国首颗分辨率达到1米的C波段多极化微波遥感卫星，每平方厘米的收发组件上，装配密度超过了一万个点，这给键合工序出了大难题，哪怕在操作中产生5微米的误差，都会造成芯片短路。设计是新设计，里面用的也是新器件，当时供使用的器件也就只有三五片。

没有人敢操作的事情，顾春燕站了出来。试装过程中，她创造性地将劈刀打薄并旋转90度安装，将芯片倾斜15度角顺利键合。然而兴奋并没持续多久，大家在整机测试时发现，雷达讯号比预计的要微弱。

改制芯片起码需要半年，会极大地拖延研制进度，错过发射窗口期，经过反复论证，唯一可行的方法只有再次通过键合工序，将已经连好的上千根线条当中的一条割断，连接到另一枚器件上。这样的改动是第一次，一旦割错或者割伤别的线条，芯片就会立刻报废。这是一场雷达的"心脏搭桥手术"，顾春燕把15微米的硬质针头，用酸微腐蚀方法变细，作为自己的"手术刀"。几分钟后，她站了起来。大家都去显微镜下查看，发现她操作无误，当时整个净化厂房都沸腾了。

2016年8月，搭载着"超级透视眼"的高分三号卫星成功发射，标志着我国卫星遥感水平实现了新的跨越。

作为中国电科十四所微组装首席技能专家，顾春燕担负起了所有研制性产品的首件全流程作业任务。从我们的航母和驱逐舰上的"海之星"，到新一代战机火控雷达，一枚枚"中华神盾"捍卫着祖国的国防安全，一双双"战鹰之眼"在顾春燕的手中被轻轻点亮。

想一想

1. 你认同"技能成就梦想"这一观点吗？
2. 作为一名中职生，你对自己的未来有何期许？

"天宫"遨游太空、高铁走出国门、5G引领潮流……中国正在由"中国制造"向"中国智造"挺进。科技成就中国梦。同样，技能成就人生梦想。

一、职业教育的兴起

中华人民共和国成立后至改革开放前，职业教育处于"小职教"阶段。改革开放以后，职业教育进入"大职教"阶段。新时代，随着我国进入新的发展阶段，产业升级和经济结构调整不断加快，各行各业对技术技能型人才的需求越来越大，职业教育显得越来越重要。我国职业教育规模从小到大，办学层次从低到高，专业覆盖从少到多……职业教育得到了党和国家的高度重视与大力支持，进入"强职教"阶段，职业教育经历了曲折而辉煌的发展历程。

2019年2月，国务院印发《国家职业教育改革实施方案》（简称"职教20条"）。《职业教育法》于2022年5月1日起施行。随着我国经济的不断发展，各行各业对技术技能人才的需要更加迫切。其重要地位和作用越发凸显。其重要地位和作用越发凸显。

二、职教体系的建立

2022年5月，人力资源社会保障部发布《关于贯彻实施新修订的职业教育法的通知》，提出要建立健全适应经济社会发展需要，产教深度融合，职业学校教育和职业培训并重，职业教育与普通教育相互融通，不同层次职业教育有效贯通，服务全民终身学习的现代职业教育体系。

◆ 知识链接 ◆

教育金字塔中，职业教育处于什么位置？

对大多数中国学生来说，人生就是一场场考试：期中考、期末考、中考、高考……在一次又一次的考试路上，有人去了职校，有人去了中专，有人去了大专，有人上了大学。

2013—2017年间，中国接受中等职业教育的人数显著下降，由674.8万减少到582.4万，减少了约13.7%。职业学校就读人数下滑，或许与国民对于职业教育的认可度有关，虽说"三百六十行，行行出状元"，但在有选择的情况下，中国家长还是希望孩子能上大学。

被误解的中国职业教育

在国内，其实大部分人并不了解什么是"专科"。专科实际上在我国的教育体系中属于高等教育的一环，但是在大众的眼中似乎并不是那么一回事。专科更多地被认为是"职业学校"，是无法进入高等学府的学生才不得不做的选择。在很多人眼里，专科和"技校"没有太多区别，孩子进入这些学校就是没有接受高等教育。

事实上，我国有完整和明确的教育体系（也称教育金字塔，见图4-4），其中规定了各种学校的办学等级。

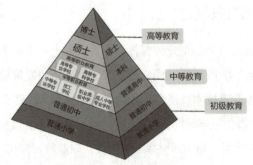

图4-4 中国教育金字塔

根据《2019年中国大学生就业报告》（就业蓝皮书），就2014至2018届毕业生而言，本科就业率在持续缓慢下降，高职高专稳中有升。其中，本科毕业生就业率（91.0%）较2014届（92.6%）下降1.6个百分点；高职高专毕业生就业率为92.0%，较2014届（91.5%）上升0.5个百分点。在普通高等学校逐年增长的就业压力下，本科教育不是唯一选择，职业教育也不失为一种选择。我国目前人才市场面临着严重的供需不平衡的局面，有些岗位人才饱和，有些岗位却招不到人。这种供需不平衡为职业教育提供了宝贵的发展机遇。

根据BOSS直聘研究院的统计数据，互联网、工程施工、生活服务、医疗健康、贸易/进出口行业是2018年人才最为紧缺的行业。而这些专业几乎都是职业学校或者专科院校涉及较多的专业。

三、职业教育大有可为

作为新时代的中职生,我们应该看到自己身上所肩负的重要使命,奋发图强,努力学习,向劳模看齐,练就过硬本领,为自己的梦想插上翅膀,为国家的富强贡献力量。

9.职业教育前途广阔,大有可为

◆ 拓展阅读 ◆

深耕沃野　静待花开——职业教育前途广阔、大有可为

甘肃省山丹培黎学校是一所具有光荣历史和国际主义精神的职业学校。该校秉持"手脑并用、创造分析"的办学宗旨,立足西部实际,注重理论与实践相结合,培养了大量实用技术人才。"职教一人,就业一个,脱贫一家",在这里得到了生动体现。

尽管已经毕业4年多,梁亚琴依旧会常常想起在山丹培黎学校读书的日子。那是她命运转折的起点。

梁亚琴家住甘肃省张掖市山丹县李桥乡上寨村,2014年,她考入山丹培黎学校平面设计班,却一度陷入纠结:上学,家里无法负担;不上,很难走出山村。就在这时,村干部带来消息:她家被列入建档立卡贫困户,帮扶单位就是她要就读的山丹培黎学校。梁亚琴一家的命运,由此开始转变。

山丹培黎学校由国际主义战士、新西兰著名社会活动家路易·艾黎于1942年创办,秉持"手脑并用、创造分析"的办学宗旨,突出职业教育特色和终身教育理念,培养了大批实用技术人才。截至目前,学校为甘肃乃至全国培养了近2万名实用技术人才。

职教一人,脱贫一家

第一次走进梁亚琴的家,山丹培黎学校校长彭东军很心疼。梁亚琴的父亲梁忠民因病致残后,一度意志消沉。母亲柴秀华既要种地,还要打零工,日子过得很艰难。

详细了解梁亚琴的家庭情况后,山丹培黎学校制定了帮扶政策,免除了她的学费、教材费和住宿费等费用,同时还为她申请了国家"雨露计划"3000元资助金,以及每年2000元的国家助学金。

不仅如此,学校根据其家庭实际情况,精准制定了技能培训计划和脱贫计划。学校和县残联一起,为梁忠民争取残疾人贴息贷款5万元购置肉牛,扩大养殖规模和种类,还安排畜牧专业教师李玉霞不定期到家中提供养殖技术指导。

不再为上学费用发愁,梁亚琴学习劲头更足。2017年,她考入了武威职业学院,顺利毕业后,她到新疆一家公司上班。梁忠民共养了12头牛、10只羊,家庭收入翻了几番。

梁亚琴的情形并非个例。山丹培黎学校扎实落实国家资助政策,构建起奖、助、贷、勤、补、免为一体的多维助学体系,将家庭条件困难学生作为重点资助对象并实现全覆盖。

在做好学生帮扶工作的同时,学校通过开展职业技术技能培训、劳动力就业技能培训以及定向订单培训等方式,积极助力乡村振兴。"我们采取'订单式'和'套餐式'培训相结合的形式,精准开展农村劳动力就业技能培训。"彭东军说。

"手脑并用、创造分析"

"同学们,一定要注意线束绑扎距离,应该尽可能靠近底部,不能让传感器、缓冲阀距离太近,否则会产生摩擦。"山丹培黎学校机电一体化实验室里,王兴朝正在给机电技术应用专业学生上课。没有课本、课桌,学生们围着王兴朝,目不转睛地看他操作实训设备。

20世纪40年代,山丹培黎学校成立之初,就确立了"手脑并用、创造分析"的办学宗旨。从那时开始,理论联系实际的指导思想一直延续至今。"我们这门课,理论与实训课程设置比例是2∶3,在实训中强化理解理论、概念问题,而不是对着课本'纸上谈兵'。"王兴朝说。学校还会安排学生们在二年级下学期或者三年级到企业顶岗实习。

"不仅学生要到企业,老师也要到企业,"彭东军告诉记者,通过"派出去跟办学、引进来顶岗教"的方式,学校培养了一大批"双师型"教师,"给学生上课的老师,既要懂理论,也要会操作;既是教师,也是技师。现在学校86名专任教师中,有近40%是'双师型'教师。"

"树枝截段顶部是平口,底部是45度切口。扦插时,不能直插下去,而要呈30～45度的斜角,这样才能让切口与土壤充分紧密接触,从而提高成活率。"刚上完理论课,高登军就带学生直奔7千米外的实习农场。老师示范、学生动手,开沟、播种、撒沙、盖膜、施肥……一堂育苗课下来,大家都满头大汗。

"对我们农学专业学生来说,学技能就要直接跟农作物打交道,不能光盯着黑板。"今年53岁的高登军,1990年从甘肃农业大学毕业后就在山丹培黎学校任教,至今已经30多年。春天育苗,夏季打药防虫,秋季观察识别,冬季修剪枝杈,他把课堂搬到了田间地头,教过的学生中,不少人已经成为当地农林部门的业务骨干。

"我们坚持以赛促学、以赛促教,选派教师、学生参加全省职业技能比赛,检验教学能力,提升教学质量。职高、中职、技校的学生高考升学率达98%,毕业生就业率达97%。"彭东军说,在甘肃省黄炎培职业教育创新创业大赛上,学校选派的师生团队获奖率高达90%以上,其中8名学生荣获一等奖、5名老师被评为优秀指导教师。2020年,在甘肃省职业院校学生技能大赛上,学校派出21名学生参加14个项目,4人获一等奖,10人获二等奖,5人获三等奖。

第四章　大国尚技

紧跟需求设置专业

"没有学校的培养，就没有我们今天的幸福生活。"2019年底，吴莉夫妇给山丹培黎学校捐款6万元。

吴莉是山丹县竣苗科技植保服务有限责任公司副总经理。"我的爱人是山丹培黎学校87级农学班第一批学生，我是90级园艺班的，"吴莉说，"希望母校能发展得更好，培养更多优秀人才。"

在专业设置上，山丹培黎学校主动适应国家重大战略和地方发展需求，不断优化专业结构。"我们强化品牌特色和专业建设，机电一体化技术已经成为省级骨干专业，学生竞争力明显增强。"彭东军说。学校还紧盯市场需求，与业界知名公司合作开办航空服务专业、网络安全专业。

2015年，张掖市委、市政府决定在山丹培黎学校基础上筹建培黎职业学院。2020年9月，培黎职业学院正式招生运行。山丹培黎学校于2020年8月整体迁入学院，实施中高职一体化办学。2020年，山丹培黎学校在校学生规模达2223名，是2016年的2倍。

"我们已经与北京、广东等地的15家企业以及天津师范大学等高校建立了合作关系。"彭东军说，下一步学校将不断推进产教深度融合，搭建学生成才成长"立交桥"，为新时代推进西部大开发培养更多应用型、技能型人才。

探究与分享

讨论职业教育未来的发展路径有哪些。

总书记语录

要健全技能人才培养、使用、评价、激励制度，大力发展技工教育，大规模开展职业技能培训，加快培养大批高素质劳动者和技术技能人才。要在全社会弘扬精益求精的工匠精神，激励广大青年走技能成才、技能报国之路。

——2019年9月，对我国选手在世界技能大赛取得佳绩做出的重要指示

第五章
劳动安全与保护

学习目标

知识目标
1. 了解劳动安全与保护的意义及内容。
2. 熟知安全标识与安全色。
3. 了解劳动过程中易发的危险事故,掌握其防范措施。

素质目标
1. 提高劳动安全及遵守劳动法律规范的意识,在劳动过程中做好安全防护工作。
2. 增强劳动安全事故的防范、处理能力。

第一节　劳动安全

近年来，我国经济高速增长，取得了令人瞩目的成就。但是，在经济快速增长的背后，我们付出了巨大的代价，如生态环境恶化，自然资源枯竭，以及越来越严重的劳动安全问题。安全生产事故频繁发生，造成了国家财产的重大损失，危害了人民的生命安全，与我国当前构建和谐社会的目标相悖。如果社会的经济发展是以生命为代价的，那么这样的发展显然和以人为本的科学发展观背道而驰，所谓的可持续发展也就失去了原来的意义。

安全是人类生存与发展的最基本要求，是对生命与健康的基本保障。安全生产是保护劳动者安全健康、保证国民经济持续发展的基本条件。

劳动安全是指在生产劳动过程中，防止中毒、触电、塌陷、爆炸、火灾、坠落、机械外伤等危及劳动者人身安全的事故发生。劳动安全，又称职业安全，是劳动者享有的在职业劳动中人身安全获得保障、免受职业伤害的权利。

一、安全标识与安全色

（一）安全标识

安全标识是指使用招牌、颜色、照明标识、声信号等方式来表明存在信息或指示安全的标识。从内容来看，包括警告标识、禁止标识、强制标识、危险品包装标识、电力行业标识、提示类标识、工作场所职业病危害警示标识、环保可回收标识、城市生活垃圾分类标识、环境保护图形标识、注意标识、当心标识、危险标识、消防设施标识、灭火器指示标识、逃生指示标识、门边提示标识、紧急集合/疏散标识等。

（二）安全色

常见的安全标识有红、黄、蓝、绿四种颜色。每种颜色传递不一样的视觉含义。

红色是禁止标识，传递禁止、停止、危险或提示消防设备、设施的意思（见图5-1）。

第五章 劳动安全与保护

图5-1 系列红色安全标识

黄色是警告标识,传递注意、警告的信息(见图5-2)。

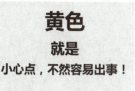

图5-2 系列黄色安全标识

蓝色是指令标识,传递必须遵守规定的指令性信息(见图5-3)。

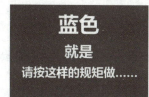

图5-3 系列蓝色安全标识

绿色是提示、传递安全的信息(见图5-4)。

图5-4 系列绿色安全标识

例如,特种劳动防护用品安全标识(见图5-5)就采用了醒目的绿色。该标识采用古代盾牌的形状,取"防护"之意;盾牌中间用字母"LA"表示"劳动安全"之意;参照《安全色》(GB 2893—2008)的规定,标识边框、盾牌及"安全防护"为绿色,"LA"及背景为白色。其适用范围为:①焊接护目镜、焊接面罩、防冲击护眼具;②安全帽、防尘口罩、过滤式防毒面具面罩、过滤式防毒面具滤毒罐(盒)、自给式空气呼吸器、长管面具;③阻燃防护服、防酸工作服、防静电工作服、防静电、导电鞋、保护足趾安全鞋、胶面防砸安全鞋、耐酸碱皮鞋、耐酸碱胶靴、耐酸碱塑料膜压靴、防穿刺鞋、电绝缘鞋；④安全带、安全网。

图5-5　特种劳动防护用品安全标识

二、劳动中的危险事故

（一）劳动中的触电事故与防范

1. 触电事故的种类

触电事故的发生多数是由于人直接碰到了带电体或者接触到因绝缘损坏而漏电的设备，站在接地故障点的周围，也可能造成触电事故。触电可分为以下几种：①人直接与带电体接触的触电事故；②与绝缘损坏电气设备接触的触电事故；③跨步电压触电事故。

2. 触电事故发生的规律

触电事故的发生都很突然，并在相当短的时间内会造成严重后果，死亡率较高。根据对触电事故的统计分析，其规律可概括为以下几点。

一是具有明显的季节性。每年的6—9月是触电事故的多发季节，这是由于这段时间多雨、潮湿，电气设备绝缘性能降低，同时天气炎热，人们所穿衣服单薄，且出汗多，增加了触电的可能性。

二是低压设备触电事故多。这是由于低压电网分布广，低压设备多而且比较简陋，管理不善，人们接触的机会多。

三是中青年和非电工触电事故多。这些人电气安全知识不足，技术不成熟，易发生触电事故。

四是便携式和移动式设备触电事故多。这是因为该类设备需要经常移动，工作条件较差，容易发生故障。

五是冶金、矿山、机械行业触电事故多。这几个行业工作现场比较混乱，温度高，湿度大，移动式设备多，临时线路多，难以管理。

3. 防止触电事故的措施

有效防止触电事故，既要有技术措施，又要有组织管理措施，归纳起来有以下几个方面。

（1）防止接触带电部件。

绝缘、屏护和安全间距是最为常见的安全措施。绝缘即用不导电的绝缘材料把带电体封闭起来，这是防止直接触电的基本保护措施；屏护即用遮拦、护罩、护盖、箱闸等把带电体同外界隔离开来；安全间距指为防止人体触及或接近带电体，防止车辆等物体碰撞或过分接近带电体，在带电体与带电体、带电体与地面、带电体与其他设备和设施之间，皆应保持一定的安全距离。

（2）防止电气设备漏电伤人。

保护接地和保护接零，是防止间接触电的基本技术措施。

保护接地即将正常运行的电气设备不带电的金属部分和大地紧密连接起来。其原理是通过接地把漏电设备的对地电压限制在安全范围内，防止触电事故。保护接零即在380/220V三相四线制供电系统中，把用电设备在正常情况下不带电的金属外壳与电网中的零线紧密连接起来。其原理是，在设备漏电时，电流经过设备的外壳和零线形成单相短路，短路电流烧断保险丝或使自动开关跳闸，从而切断电源，消除触电危险。

（3）采用安全电压。

根据生产和作业场所的特点，采用相应等级的安全电压，是防止发生触电伤亡事故的根本性措施。一般来说，我国安全电压额定值的等级为42V、36V、24V、12V和6V，应根据作业场所、操作员条件、使用方式、供电方式、线路状况等因素选用合适电压。安全电压有一定的局限性，适用于小型电气设备，如手持电动工具等。

（4）安装漏电保护装置。

在低压电网中发生电气设备及线路漏电或触电时，漏电保护装置可以立即发出报警信号并迅速自动切断电源，从而保护人身安全。漏电保护装置按工作原理可分为电压型、零序电流型、泄漏电流型和中性点型四类，其中电压型和零序电流型两类应用较为广泛。

（5）合理使用防护用具。

在电气作业中，合理匹配和使用绝缘防护用具，对防止触电事故、保障操作人员在生产过程中的安全健康具有重要意义。绝缘防护用具可分为两类：一类是基本安全防护用具，如绝缘棒、绝缘钳、高压验电笔等；另一类是辅助安全防护用具，如绝缘手套、绝缘（靴）鞋、橡皮垫、绝缘台等。

（6）制定安全用电组织管理措施。

防止触电事故，技术措施十分重要，组织管理措施亦必不可少。组织管理措施包括制定安全用电措施计划和规章制度，进行安全用电检查、教育和培训，组织事故分析，建立安全资料档案等。

4. 预防触电事故的主要措施

电气作业人员必须高度负责，应认真贯彻执行各项安全工作规程，安全技术措施必须落实。安装电气必须符合绝缘和隔离要求，拆除电气设备要彻底干净。电气设备金属外壳一定要有效接地。电气作业人员要正确使用绝缘的手套、鞋、垫、夹钳、杆和验电笔等安全工具。

加强全员的防触电事故教育，提高全员防触电意识；健全安全用电制度；严禁无证人员从事电工作业；操作设备及使用电气设备要严格执行安全规程。

针对发生触电事故高峰的季节性特点，要做好防范工作。有关资料表明，六月至九月发生的触电事故占全年的70%左右，而七月发生的事故数量又占事故高峰期的40%以上。在高温多雨季节到来以前，要全面组织好电气安全检查，对流动式电动工具要列入重点检查范围。日常也要做好对电气的保养、检查工作。

5. 触电急救

在实际工作和生活中，除了要尽力避免触电事故外，还要掌握触电的抢救方法。

（1）及时抢救。

①迅速使触电者脱离电源。

②当触电者脱离电源后，应视具体情况，迅速对症救护。现场应用的主要救护方法是人工呼吸法和胸外心脏按压法。

③根据触电者的具体症状及发展趋势，可在适宜时机辅以药物治疗。

（2）救治方法。

①迅速脱离电源。

切断电源开关，或用电工钳子、木把斧子将电线截断以断开电源。

若离开关较远或断开电源有困难时，可用干燥的木棍、竹竿等挑开触电者身上的电线或带电体；或垫着绝缘物将触电人拉开。

②现场急救措施。

当触电者脱离电源以后，应根据触电的轻重程度，采取不同的急救措施。

如果触电者受的伤害不严重，神志还清醒，只是四肢发麻、全身无力，或虽曾一度昏迷，但未失去知觉，可使之就地安静休息1～2小时，并密切观察。

如果触电者受的伤害较严重，无知觉，无呼吸，但心脏有跳动时，应立即进行人工呼吸。如有呼吸，但心脏停止跳动，则应采用胸外心脏按压法。

如果触电者受的伤害很严重，心跳和呼吸都已停止，瞳孔放大，失去知觉，则须同时采取人工呼吸和胸外心脏按压两种方法。

做人工呼吸和胸外挤压时要有耐心，只要有一线希望，就要坚持抢救。

在送医院抢救途中，不能中断急救工作。

③口对口（鼻）人工呼吸法。

施行口对口人工呼吸前，应将触电者身上阻碍呼吸的衣领、上衣、裤带解开，并取出触电者口腔内妨碍呼吸的东西,如食物、脱落的假牙、血块等,以免堵塞呼吸道。

做口对口(鼻)人工呼吸时,应使触电者仰卧,并使其头部充分后仰(最好一只手托在触电者颈后),使其鼻孔朝上,以使呼吸道畅通。

口对口(鼻)人工呼吸法操作步骤如下:使触电者鼻孔(或嘴)紧闭,救护人员深吸一口气后紧贴触电者的口(或鼻)向内吹气,为时约2秒钟;吹气完毕,立即离开触电者的口(或鼻),并松开触电者的鼻孔(或嘴唇),让他自行呼气,为时约3秒钟;如果无法使触电者的嘴张开,可改用口对鼻人工呼吸法。

④胸外心脏按压法。

应使触电者仰卧在比较坚实的地方,姿势与口对口(鼻)人工呼吸法相同。动作要领如下:救护人员跪在触电者一侧或骑跪在其腰部两侧,两手相叠,手掌根部放在心窝上方,胸骨下三分之一至二分之一处;掌根用力垂直向下(脊背方向)挤压,对成人应压陷3～4厘米,以每秒钟按压一次,每分钟按压60次为宜;按压后掌根很快抬起,让触电人胸廓自动复原,每次放松时,掌根不必完全离开胸膛。

(二)劳动中的机械伤害事故与防范

1. 设备的不安全因素

(1)防护、保险、信号等装置缺乏或有缺陷。如无防护罩、无护栏或护栏损坏,电气设备未接地,绝缘不良或电气装置带电部分裸露,防护装置调整不当,无安全保险装置或安全保险装置失灵,无限位装置,安全距离不够,无报警装置或装置失灵,无安全标志,因噪声大而无法听清报警信号等。

(2)设备、设施、工具、附件有缺陷,设计不当,结构不符合安全要求,如制动装置设计不合理等。

(3)个人防护用品、用具缺少或有缺陷。

(4)生产场地环境不良。如照明光线和通风不良,作业场所狭窄、杂乱等。

(5)地面状况差,如地面滑(地面有油或其他易滑物)。

(6)贮存方法不安全,堆放过高、不稳。

(7)技术和设计上的原因,包括设计错误或不合理(如操作工序设计或配置不安全,交叉作业较多等),制造错误或设计不合理等。

2. 操作者的不安全因素

(1)操作者不遵守操作规程,违章作业,思想不集中造成误操作,或调整错误时造成安全装置失灵。

(2)操作者存有侥幸心理,无视安全,忽视警告,如使用不安全设备,用手代替工具操作,攀坐不安全位置，拆除安全装置造成安全装置失灵，未佩戴各种个人防护用品，穿不安全装束，无意或为排除故障而接近危险安置等。

（3）操作者业务素质不够，如教育培训不够、操作技能不熟练、不懂安全操作技术、缺乏安全知识和自我保护能力、工作不负责、注意力不集中。

（4）操作者心理或生理上的不利因素，如操作者心理波动大、精神紧张，生理上发生疾病，身体过度疲劳，这些都能使其产生误操作或不遵守操作规程。

（5）管理上存在问题，如对安全工作不重视、组织机构不健全、规章制度执行力不够。

（6）规程制度不健全或不合理，如安全操作规程不完善。

3. 造成机械伤害事故的主要原因

（1）检验检查机械、处理隐患时忽视安全措施。如操作者进入设备（球磨机、碎矿机等）检验、检查作业或处理安全隐患，未切断电源，未挂不准合闸警示牌，未设专人监护等而造成严重后果，也有因当时受定时电源开关作用或发生临时停电等因素误判而造成事故的案例。有的虽然对设备断电，但因未等至设备惯性运转彻底停住就着手工作，同样造成严重后果。

（2）缺乏安全装置。如有的机械传动带、齿机，接近地面的联轴节、皮带轮、飞轮等易伤害人体部位的装置没有完好的防护装置；还有的进孔、投料口、绞笼井等部位缺少护栏及盖板，无警示牌，人一疏忽误接触这些部位，就会造成事故。

（3）电源开关布局不合理：一种是有了紧急情况却不立即停止设备运转；另一种是几台机械开关设在一起，极易造成误开机械而引发严重后果。

（4）自制或任意改造机械设备，不符合安全要求。

（5）在机械运行中进行清理、卡料、上皮带蜡等作业（如在运行中的皮带上清理废物）。

（6）任意进入机械运行危险作业区（采样、借道、拣物等）。

（7）不具备操纵机械素质的人员上岗或其他人员乱动机械。

4. 机械伤害事故的防范措施

（1）检验机械必须严格执行断电、挂禁止合闸警示牌和设专人监护的制度。机械断电后，必须确认其惯性运转已彻底消除后才可进行工作。机械检验完毕，试运转前，必须对现场进行细致检查，确认机械部位人员全部撤离才可取牌合闸。检验试车时，严禁有人留在设备内进行试车。

（2）人手直接频繁接触的机械，必须有完好的紧急制动装置，该制动钮位置必须使操纵者在机械作业活动范围内随时可触及；机械设备各传动部位必须有可靠的防护装置；各进孔、投料口、螺旋输送机等部位必须有盖板、护栏和警示牌；作业环境保持整洁卫生。

（3）各机械开关布局必须合理，必须符合两条标准：一是便于操纵者紧急停止设备运转；二是避免误开动其他设备。

（4）对机械进行清理积料、捅卡料、上皮带蜡等作业，应遵守停机、断电、挂警示牌制度。

（5）严禁无关人员进入危险因素多的机械作业现场，非本机械作业人员因事必须进入的，要先与当班机械操作者取得联系，确认有安全措施后才可进入。

（6）操纵各种机械的人员必须经过专业培训，掌握该设备性能的基础知识，经考试合格，持证上岗。上岗作业中，必须精心操纵，严格执行有关规章制度，正确使用劳动防护用品，严禁无证人员开动机械设备。

◆拓展阅读◆

某广告公司触电事故案例分析

2012年5月24日，某广告公司员工裴某进行汽车展销会布展，在安装潜水泵排水时发生一起触电事故，造成一人死亡。

一、事故原因

（1）事故直接原因。

其一，作业人员违规在潮湿环境中使用电镐。该电镐属于Ⅰ类手持电动工具，根据规定，Ⅰ类手持电动工具不能在潮湿环境中使用。然而事发当天，该电镐用于排除连日降雨导致的地面积水，电镐暴露在雨中使用，且未设置遮雨设施。

其二，当事人裴某安全意识淡薄，在自身未穿绝缘靴、未戴绝缘手套的情况下，手持电镐赤脚站在水里。

其三，电镐存在安全隐患。在现场勘察时，专家对事故使用的电镐进行了技术鉴定，检测发现电镐内相线与零线错位连接，接地线路短路，无漏电保护功能。通电后接错的零线与金属外壳导通，造成电镐金属外壳带电。

其四，配电设备存在缺陷。开关箱无漏电保护器，且线路未按规定连接。

（2）事故间接原因。

其一，安全管理制度不健全。该广告公司的安全生产责任制未建立，安全生产规章制度和安全操作规程未制定。

其二，安全管理制度未落实。具体表现为：作业人员的安全教育未落实，作业人员的个人劳动防护用品未配备，所提供的配电设备不具备安全防护功能，特种作业人员未持证上岗。

其三，现场安全管理不到位。施工现场未配备与本单位所从事的生产经营活动相适应的安全生产管理人员，施工安全技术交底未落实，指派未取得电工作业操作证的人员从事电工作业。

二、事故性质

这是一起现场配电设备存在缺陷，安全措施未到位，操作人员防护不到位的责任事故。事故类别为触电。

三、防范和整改措施建议

在安全技术上，各类电气设备在投入使用前应进行安全检测，保障设备的可靠性。配电设施要采用漏电保护装置，要进行接零接地保护。潮湿环境下采用36V以下安全电气，强化绝缘措施，采用双重绝缘或加强绝缘的电气设备，作业人员应配备绝缘靴、绝缘手套等个人防护用品，事故发生后，要有相应的应急救援措施，最大限度降低事故伤害。

在完善管理制度上，依据现行的安全生产法律法规建立健全企业的安全生产管理制度，包括建立并完善安全生产责任制，组织制定相关规章制度和操作规程，编制安全生产事故应急预案并组织演练。

针对临时用电作业，要建立用电设备定期检查制度，查找并排除存在的事故隐患，严把设备关。应加强施工作业现场安全管理。应配备相应的安全生产管理人员，施工前进行安全技术交底，落实临时用电安全措施，监督作业人员正确佩戴个人防护用品。针对临时雇佣人员较多的实际情况，要严格审查从业人员的资格，严禁特种作业人员无证上岗。此外，还应加强对承包单位和个人的安全生产条件或相应资质的审查。对不具备安全生产条件或相应资质的单位和个人不得进行发包、出租业务；对具备安全生产条件或者相应资质的单位和个人，在发包、出租的同时，要加强对承包、承租单位和个人的安全生产工作协调和管理。

在教育培训对策上，加强对全员的安全教育和培训。依据安全生产法及相关规定要求，公司主要负责人和安全管理人员要参加有关安全生产管理培训，并取得相应证书。加强对公司员工的三级教育培训，提高作业人员的安全意识。此外，还应开展有针对性的安全生产教育培训工作。加强对特种作业人员的安全教育，使其规范操作，防止事故再次发生。

第二节　劳动保护

劳动保护是国家和单位为保护劳动者在劳动生产过程中的安全和健康所采取的立法、组织和技术措施的总称。它是指根据国家法律、法规，依靠技术进步和科学管理，采取组织措施和技术措施，消除危及劳动者人身安全与健康的不良条件和行为，防止事故和职业病，保护劳动者在劳动过程中的安全与健康。

一、劳动保护的意义

保护劳动者在生产劳动过程中的安全与健康，是坚持社会主义制度的本质要求，是发展生产、促进经济建设中的一项大事，也是社会主义物质文明和精神文明建设的一项重要内容。

（一）劳动保护是我们国家的一项基本政策

"加强劳动保护，改善劳动条件"，这是载入宪法的神圣规定。中国共产党始终十分重视劳动保护工作。早在1956年，国务院发布《工厂安全卫生规程》《建筑安装工程安全技术规程》和《工人职员伤亡事故报告规程》时就指出：改善劳动条件，保护劳动者在生产劳动中的安全健康，是我们国家的一项重要政策。在第七届全国人民代表大会第四次会议上通过的《关于国民经济和社会发展十年规划和第八个五年规划纲要的报告》，明确规定了要加强劳动保护，认真贯彻"安全第一，预防为主"的方针，强化劳动安全监察，努力改善劳动条件，努力降低企业职工伤亡率和职业病发作率；加强安全技术政策、劳动保护科学的研究和科技成果的推广，努力完善检验手段。国家正在不断通过健全劳动保护立法，强化劳动保护监察和安全生产管理，推进安全技术、职业卫生技术与有关工程等措施，来保证宪法所要求的这一基本政策的实现。

保护劳动者在生产劳动中的安全与健康是我们国家的一项基本政策，也是社会主义国家各类企业进行经营管理的基本原则。只有加强劳动保护，才能确保安全生产，从而改变长期以来不少企业中工伤事故频发和职业危害严重的不良局面，保障劳动者的切身利益，提高他们建设社会主义的积极性和主观能动性，促进社会安全和现代化建设事业的持续、稳定发展。

(二)劳动保护是促进国民经济发展的重要条件

劳动保护有着重要的政治意义,从某种意义上来说,劳动保护也有着不可忽视的经济意义。在生产过程中,人是最宝贵的,人是生产力诸要素中起决定作用的因素。探索和认识生产中的自然规律,采取有效措施,消除生产中不安全和不卫生因素,可以减少或避免各类事故的发生;创造舒适的劳动环境,可以激发劳动者的热情,充分调动和发挥他们的积极性,这些都是提高劳动生产率、提高经济效益的基本保证。同时,加强劳动保护工作,还可减少因伤亡事故和职业病所造成的工作日损失和救治伤病人员的各项开支,减少由设备损坏、财产损失和停产造成的直接或间接经济损失。这些都与提高经济效益密切相关。

二、劳动保护的内容

劳动保护包括劳动安全保护、劳动卫生保护、未成年人保护、女工保护等。

(一)劳动安全保护

为了保护劳动者的劳动安全,防止或减少劳动者在劳动和生产过程中的伤亡事故,同时防止生产设备遭到破坏,我国《劳动法》和其他相关法律、法规制定了劳动安全技术规程。安全技术规程主要包括:机器设备的安全;电气设备的安全;锅炉、压力容器的安全;建筑工程的安全;交通道路的安全。企业必须按照这些安全技术规程使各种生产设备达到安全标准,切实保护劳动者的劳动安全。

◆拓展阅读◆

劳动安全法

"劳动安全法"是指国家为了防止劳动者在生产和工作过程中发生伤亡事故,保障劳动者的生命安全和防止生产设备遭到破坏而制定的各种法律规范。

劳动安全法的内容十分广泛,它涉及生产和经营的各个领域,概括起来,主要包括以下三个方面。

一、工厂安全技术规程

工厂的生产活动,涉及来自各方的不安全因素,工厂也是机器设备最集中的场所。因此,围绕工厂的活动,我国颁布了一系列安全技术规程,主要内容包括以下五类。

一是工厂工作场所或环境的安全技术规范,如《工厂安全卫生规程》《铁路道口管理暂行规定》等。这类规定,通过规定工厂区域和工作场所内安全标志、设施、各种机械位置以及光线、通道等方面的安全标准和指标，保证劳动者有一个安全的工作场所或工作环境。

二是机械设备安全技术方面的规范，如《生产设备安全卫生设计总则》（GB 5083—1999）。这些技术规范主要通过规定机械各危险部位的防护装置、压力机械安全装置、危险部位的安全指示装置的标准和要求，减少危险事故的发生。

三是电器设备方面的安全技术规范。包括电器设备质量安全，设备的安装、操作，线路的回调，定期检修等方面的安全技术规范。

四是锅炉压力容器方面的安全技术规范，如《压力容器安全技术监察规程》等。具体内容包括压力容器的制造、运输、安装、使用、保养、维修等方面的安全技术规范。

五是起重机械安全技术规范，如《起重机械安全规程》等。内容包括起重机械设备安全技术规范、操作行为规范、安全标记和操作信号规范等。

二、建筑安装工程安全技术规程

建筑安装工程具有高空作业、露天作业、流动性作业、劳动强度大和劳动条件差等特点。为了保障建筑工人的安全和健康，防止和减少伤亡事故的发生，国家颁布了《建筑安装工程安全技术规程》，要求各施工单位严格执行。这个规程对施工的一般要求做了规定。

三、矿山安全法律规范

矿山是安全事故发生率较高的劳动场所。为了保障矿山安全生产，保护劳动者的生命安全，国家制定了以《矿山安全法》为基础的一系列矿山劳动安全法律规范。

（二）劳动卫生保护

1. 劳动卫生保护法律法规

为了保护劳动者在劳动生产过程中的身体健康，避免有毒、有害物质的危害，防止、消除职业中毒和职业病，我国制定了有关劳动卫生方面的法律规范，如《劳动法》《环境保护法》《工厂安全卫生规程》《关于加强防尘防毒工作的规定》《工业企业设计卫生标准》《工业企业噪声卫生标准》《防暑降温措施管理办法》《尘肺病防治条例》等。这些法律规范都制定了相应的劳动卫生规程，主要包括以下内容：①防止粉尘危害；②防止有毒、有害物质的危害；③防止噪声和强光的刺激；④防暑降温和防冻取暖；⑤通风和照明；⑥个人防护用品的供给。企业必须按照这些劳动卫生规程达到劳动卫生标准，才能切实保护劳动者的身体健康。

2. 职业卫生与职业病

在社会分工的各个环节上，因为每个职业的劳动对象、劳动条件、劳动环境和劳动形式均有其特殊性，这种特殊性决定了各个职业之间的区别，也会影响从业者的健康，良好的工作环境有利于身体健康，恶劣的劳动条件损害健康，甚至导致疾病或死亡。

职业卫生是研究劳动条件与职业从事者健康之间关系的学科,是预防医学的重要组成部分,其目的是使从业者在其所从事的生产和工作过程中有充分的安全和健康保障。我们需要了解职业卫生与职业病的相关知识。

职业病是指企业、事业单位和个体经济组织等用人单位的劳动者在职业活动中,因接触粉尘、放射性物质和其他有毒、有害因素而引起的疾病。这一概念不仅限于生产性质的企业,也包括学校、医院等非营利性事业单位的劳动者。

2013年12月23日,国家卫生计生委、人力资源社会保障部、安全监管总局、全国总工会四部门联合印发《职业病分类和目录》。它将职业病分为职业性尘肺病及其他呼吸系统疾病、职业性皮肤病、职业性眼病、职业性耳鼻喉口腔疾病、职业性化学中毒、物理因素所致的职业病、职业性放射性疾病、职业性传染病、职业性肿瘤、其他职业病10类,共132种。

10.有关职业病不得不知的10个问题

3. 劳动防护用品

劳动防护用品,顾名思义是保障劳动者生命安全与健康的重要防线和屏障,也是针对危险源的最后一道防线。为了确保劳动者的人身安全,每个单位应针对不同岗位的需要发放相应的劳动防护用品,并且保证每个劳保用品被正确使用。依据《劳动法》组织制定的《劳动防护用品配备标准(试行)》的相关要求,是保护员工安全的重要"武器"。

使用劳动防护用品的一般要求如下。

(1)使用劳动防护用品前应首先做一次外观检查。检查的目的是认定防护用品对有害因素的防护效能和防护程度,观察防护用品有无缺陷或损坏,各部件组装是否严密,启动是否灵活等。

(2)劳动防护用品的使用必须在其性能范围内,不得超性能范围使用;不得使用未经国家指定、未经监测部门认可(国家标准)和检测还达不到标准的产品;不能随便用其他用品代替劳动防护用品,更不能以次充好。

(3)严格按照使用说明书正确使用劳动防护用品。

劳动防护用品部件(见图5-6)分为:①头部防护;②呼吸防护;③眼部防护;④听力防护;⑤脚部防护;⑥手部防护;⑦身体防护;⑧防坠落工具;⑨护肤用品。

图5-6 劳动防护用品

（三）未成年人保护

未成年工是指年满16周岁不满18周岁的劳动者。由于未成年工的身体还没有完全发育成熟，从事某些工作会危害其生长发育和身体健康，因此国家对未成年人就业做出了一些保护性的规定，主要包括如下四点。

（1）用人单位不得安排未成年工从事矿山井下及有毒有害的工作。

（2）不得安排未成年工从事重体力劳动。

（3）不得安排未成年工从事其他禁忌从事的劳动，包括森林业伐木、流放作业、高空作业、放射性物质超标的作业以及其他会影响未成年工生长发育的作业。

（4）要对未成年工定期进行健康检查。

一般说来，未成年人在生理上和心理上还不成熟，家长最好不要让他们过早参加工作。如果他们能在就业之前参加一两年的职业技术培训，掌握一些实用技术，他们在外出务工时才能更好地发挥自己的优势。

（四）女工保护

《女职工劳动保护特别规定》于2012年4月18日由国务院第200次常务会议通过，并于2012年4月28日公布施行。

◆ 知识链接 ◆

女职工劳动保护特别规定

（2012年4月18日国务院第200次常务会议通过 并于公布之日起施行）

第一条　为了减少和解决女职工在劳动中因生理特点造成的特殊困难，保护女职工健康，制定本规定。

第二条　中华人民共和国境内的国家机关、企业、事业单位、社会团体、个体经济组织以及其他社会组织等用人单位及其女职工，适用本规定。

第三条　用人单位应当加强女职工劳动保护，采取措施改善女职工劳动安全卫生条件，对女职工进行劳动安全卫生知识培训。

第四条　用人单位应当遵守女职工禁忌从事的劳动范围的规定。用人单位应当将本单位属于女职工禁忌从事的劳动范围的岗位书面告知女职工。

女职工禁忌从事的劳动范围由本规定附录列示。国务院安全生产监督管理部门会同国务院人力资源社会保障行政部门、国务院卫生行政部门根据经济社会发展情况，对女职工禁忌从事的劳动范围进行调整。

第五条 用人单位不得因女职工怀孕、生育、哺乳降低其工资、予以辞退、与其解除劳动或者聘用合同。

第六条 女职工在孕期不能适应原劳动的,用人单位应当根据医疗机构的证明,予以减轻劳动量或者安排其他能够适应的劳动。

对怀孕7个月以上的女职工,用人单位不得延长劳动时间或者安排夜班劳动,并应当在劳动时间内安排一定的休息时间。

怀孕女职工在劳动时间内进行产前检查,所需时间计入劳动时间。

第七条 女职工生育享受98天产假,其中产前可以休假15天;难产的,增加产假15天;生育多胞胎的,每多生育1个婴儿,增加产假15天。

女职工怀孕未满4个月流产的,享受15天产假;怀孕满4个月流产的,享受42天产假。

第八条 女职工产假期间的生育津贴,对已经参加生育保险的,按照用人单位上年度职工月平均工资的标准由生育保险基金支付;对未参加生育保险的,按照女职工产假前工资的标准由用人单位支付。

女职工生育或者流产的医疗费用,按照生育保险规定的项目和标准,对已经参加生育保险的,由生育保险基金支付;对未参加生育保险的,由用人单位支付。

第九条 对哺乳未满1周岁婴儿的女职工,用人单位不得延长劳动时间或者安排夜班劳动。

用人单位应当在每天的劳动时间内为哺乳期女职工安排1小时哺乳时间;女职工生育多胞胎的,每多哺乳1个婴儿每天增加1小时哺乳时间。

第十条 女职工比较多的用人单位应当根据女职工的需要,建立女职工卫生室、孕妇休息室、哺乳室等设施,妥善解决女职工在生理卫生、哺乳方面的困难。

第十一条 在劳动场所,用人单位应当预防和制止对女职工的性骚扰。

第十二条 县级以上人民政府人力资源社会保障行政部门、安全生产监督管理部门按照各自职责负责对用人单位遵守本规定的情况进行监督检查。

工会、妇女组织依法对用人单位遵守本规定的情况进行监督。

第十三条 用人单位违反本规定第六条第二款、第七条、第九条第一款规定的,由县级以上人民政府人力资源社会保障行政部门责令限期改正,按照受侵害女职工每人1000元以上5000元以下的标准计算,处以罚款。

用人单位违反本规定附录第一条、第二条规定的,由县级以上人民政府安全生产监督管理部门责令限期改正,按照受侵害女职工每人1000元以上5000元以下的标准计算,处以罚款。用人单位违反本规定附录第三条、第四条规定的,由县级以上人民政府安全生产监督管理部门责令限期治理,处 5 万元以上 30 万元以下的罚款;情节严重的,责令停止有关作业,或者提请有关人民政府按照国务院规定的权限责令关闭。

第十四条 用人单位违反本规定,侵害女职工合法权益的,女职工可以依法投诉、举报、申诉,依法向劳动人事争议调解仲裁机构申请调解仲裁,对仲裁裁决不服的,依法向人民法院提起诉讼。

第十五条 用人单位违反本规定,侵害女职工合法权益,造成女职工损害的,依法给予赔偿;用人单位及其直接负责的主管人员和其他直接责任人员构成犯罪的,依法追究刑事责任。

第十六条 本规定自公布之日起施行。1988 年 7 月 21 日国务院发布的《女职工劳动保护规定》同时废止。

附录

女职工禁忌从事的劳动范围

一、女职工禁忌从事的劳动范围:

(一)矿山井下作业;

(二)体力劳动强度分级标准中规定的第四级体力劳动强度的作业;

(三)每小时负重 6 次以上、每次负重超过 20 公斤的作业,或者间断负重、每次负重超过 25 公斤的作业。

二、女职工在经期禁忌从事的劳动范围:

(一)冷水作业分级标准中规定的第二级、第三级、第四级冷水作业;

(二)低温作业分级标准中规定的第二级、第三级、第四级低温作业;

(三)体力劳动强度分级标准中规定的第三级、第四级体力劳动强度的作业;

(四)高处作业分级标准中规定的第三级、第四级高处作业。

三、女职工在孕期禁忌从事的劳动范围:

(一)作业场所空气中铅及其化合物、汞及其化合物、苯、镉、铍、砷、氰化物、氮氧化物、一氧化碳、二硫化碳、氯、己内酰胺、氯丁二烯、氯乙烯、环氧乙烷、苯胺、甲醛等有毒物质浓度超过国家职业卫生标准的作业;

(二)从事抗癌药物、己烯雌酚生产,接触麻醉剂气体等的作业;

(三)非密封源放射性物质的操作,核事故与放射事故的应急处置;

(四)高处作业分级标准中规定的高处作业;

(五)冷水作业分级标准中规定的冷水作业;

(六)低温作业分级标准中规定的低温作业;

（七）高温作业分级标准中规定的第三级、第四级的作业；

（八）噪声作业分级标准中规定的第三级、第四级的作业；

（九）体力劳动强度分级标准中规定的第三级、第四级体力劳动强度的作业；

（十）在密闭空间、高压室作业或者潜水作业，伴有强烈振动的作业，或者需要频繁弯腰、攀高、下蹲的作业。

四、女职工在哺乳期禁忌从事的劳动范围：

（一）孕期禁忌从事的劳动范围的第一项、第三项、第九项；

（二）作业场所空气中锰、氟、溴、甲醇、有机磷化合物、有机氯化合物等有毒物质浓度超过国家职业卫生标准的作业。

三、岗位实习与相关法律规范

实习是职业教育重要的教学环节，既是学生进行专业学习和技术技能训练的必要途径，也是学生锤炼意志品质、提前熟悉岗位、融入社会的重要方式。教育部联合工业和信息化部等八部门深入分析数字经济背景下岗位升级、职业场景变化新形势，着眼实习全流程，聚焦关键环节，坚持标本兼治，在开展实习专项治理的基础上，对2016年印发实施的《职业学校学生实习管理规定》进行了修订，进一步明确了学生实习的行为准则，为实习管理划定了"红线"。修订后的规定包括总则、实习组织、实习管理、实习考核、安全职责、保障措施、监督与处理、附则等8章、50条，与原规定相比，修订后的规定进一步明确了实习参与各方的责任、权利和义务，规范了实习各环节的基本要求。教育部门会同有关部门建立实习管理协调落实机制，各部门结合各自职责，鼓励支持学校和实习单位开展学生实习。

作为中职生，除了了解《职业学校学生实习管理规定》以外，还需要了解以下法律法规，进一步提升劳动保护意识，这些法律法规包括《教育法》《职业教育法》《劳动法》《安全生产法》《未成年人保护法》《职业病防治法》等。

◆ 知识拓展 ◆

教育法

（1995年3月18日第八届全国人民代表大会第三次会议通过 根据2009年8月27日第十一届全国人民代表大会常务委员会第十次会议《关于修改部分法律的决定》第一次修正 根据2015年12月27日第十二届全国人民代表大会常务委员会第十八次会议《关于修改〈中华人民共和国教育法〉的决定》第二次修正 根据2021年4月29日第十三届全国

人民代表大会常务委员会第二十八次会议《关于修改〈中华人民共和国教育法〉的决定》第三次修正）

第一章 总则

第一条 为了发展教育事业，提高全民族的素质，促进社会主义物质文明和精神文明建设，根据宪法，制定本法。

第二条 在中华人民共和国境内的各级各类教育，适用本法。

第三条 国家坚持中国共产党的领导，坚持以马克思列宁主义、毛泽东思想、邓小平理论、"三个代表"重要思想、科学发展观、习近平新时代中国特色社会主义思想为指导，遵循宪法确定的基本原则，发展社会主义的教育事业。

第四条 教育是社会主义现代化建设的基础，对提高人民综合素质、促进人的全面发展、增强中华民族创新创造活力、实现中华民族伟大复兴具有决定性意义，国家保障教育事业优先发展。

全社会应当关心和支持教育事业的发展。

全社会应当尊重教师。

第五条 教育必须为社会主义现代化建设服务、为人民服务，必须与生产劳动和社会实践相结合，培养德智体美劳全面发展的社会主义建设者和接班人。

第六条 教育应当坚持立德树人，对受教育者加强社会主义核心价值观教育，增强受教育者的社会责任感、创新精神和实践能力。

国家在受教育者中进行爱国主义、集体主义、中国特色社会主义的教育，进行理想、道德、纪律、法治、国防和民族团结的教育。

第七条 教育应当继承和弘扬中华优秀传统文化、革命文化、社会主义先进文化，吸收人类文明发展的一切优秀成果。

第八条 教育活动必须符合国家和社会公共利益。

国家实行教育与宗教相分离。任何组织和个人不得利用宗教进行妨碍国家教育制度的活动。

第九条 中华人民共和国公民有受教育的权利和义务。

公民不分民族、种族、性别、职业、财产状况、宗教信仰等，依法享有平等的受教育机会。

第十条 国家根据各少数民族的特点和需要，帮助各少数民族地区发展教育事业。

国家扶持边远贫困地区发展教育事业。

国家扶持和发展残疾人教育事业。

第十一条 国家适应社会主义市场经济发展和社会进步的需要，推进教育改革，推动各级各类教育协调发展、衔接融通，完善现代国民教育体系，健全终身教育体系，提高教育现代化水平。

国家采取措施促进教育公平，推动教育均衡发展。

国家支持、鼓励和组织教育科学研究，推广教育科学研究成果，促进教育质量提高。

第十二条　国家通用语言文字为学校及其他教育机构的基本教育教学语言文字，学校及其他教育机构应当使用国家通用语言文字进行教育教学。

民族自治地方以少数民族学生为主的学校及其他教育机构，从实际出发，使用国家通用语言文字和本民族或者当地民族通用的语言文字实施双语教育。

国家采取措施，为少数民族学生为主的学校及其他教育机构实施双语教育提供条件和支持。

第十三条　国家对发展教育事业做出突出贡献的组织和个人，给予奖励。

第十四条　国务院和地方各级人民政府根据分级管理、分工负责的原则，领导和管理教育工作。

中等及中等以下教育在国务院领导下，由地方人民政府管理。

高等教育由国务院和省、自治区、直辖市人民政府管理。

第十五条　国务院教育行政部门主管全国教育工作，统筹规划、协调管理全国的教育事业。

县级以上地方各级人民政府教育行政部门主管本行政区域内的教育工作。

县级以上各级人民政府其他有关部门在各自的职责范围内，负责有关的教育工作。

第十六条　国务院和县级以上地方各级人民政府应当向本级人民代表大会或者其常务委员会报告教育工作和教育经费预算、决算情况，接受监督。

……

职业教育法

（1996年5月15日第八届全国人民代表大会常务委员会第十九次会议通过　2022年4月20日第十三届全国人民代表大会常务委员会第三十四次会议修订）

第一章　总则

第一条　为了推动职业教育高质量发展，提高劳动者素质和技术技能水平，促进就业创业，建设教育强国、人力资源强国和技能型社会，推进社会主义现代化建设，根据宪法，制定本法。

第二条　本法所称职业教育，是指为了培养高素质技术技能人才，使受教育者具备从事某种职业或者实现职业发展所需要的职业道德、科学文化与专业知识、技术技能等职业综合素质和行动能力而实施的教育，包括职业学校教育和职业培训。

机关、事业单位对其工作人员实施的专门培训由法律、行政法规另行规定。

第三条　职业教育是与普通教育具有同等重要地位的教育类型，是国民教育体系和人力资源开发的重要组成部分，是培养多样化人才、传承技术技能、促进就业创业的重要途径。

国家大力发展职业教育，推进职业教育改革，提高职业教育质量，增强职业教育适应性，建立健全适应社会主义市场经济和社会发展需要、符合技术技能人才成长规律的职业教育制度体系，为全面建设社会主义现代化国家提供有力人才和技能支撑。

第四条　职业教育必须坚持中国共产党的领导，坚持社会主义办学方向，贯彻国家的教育方针，坚持立德树人、德技并修，坚持产教融合、校企合作，坚持面向市场、促进就业，坚持面向实践、强化能力，坚持面向人人、因材施教。

实施职业教育应当弘扬社会主义核心价值观，对受教育者进行思想政治教育和职业道德教育，培育劳模精神、劳动精神、工匠精神，传授科学文化与专业知识，培养技术技能，进行职业指导，全面提高受教育者的素质。

第五条　公民有依法接受职业教育的权利。

第六条　职业教育实行政府统筹、分级管理、地方为主、行业指导、校企合作、社会参与。

第七条　各级人民政府应当将发展职业教育纳入国民经济和社会发展规划，与促进就业创业和推动发展方式转变、产业结构调整、技术优化升级等整体部署、统筹实施。

第八条　国务院建立职业教育工作协调机制，统筹协调全国职业教育工作。

国务院教育行政部门负责职业教育工作的统筹规划、综合协调、宏观管理。国务院教育行政部门、人力资源社会保障行政部门和其他有关部门在国务院规定的职责范围内，分别负责有关的职业教育工作。

省、自治区、直辖市人民政府应当加强对本行政区域内职业教育工作的领导，明确设区的市、县级人民政府职业教育具体工作职责，统筹协调职业教育发展，组织开展督导评估。

县级以上地方人民政府有关部门应当加强沟通配合，共同推进职业教育工作。

第九条　国家鼓励发展多种层次和形式的职业教育，推进多元办学，支持社会力量广泛、平等参与职业教育。

国家发挥企业的重要办学主体作用，推动企业深度参与职业教育，鼓励企业举办高质量职业教育。

有关行业主管部门、工会和中华职业教育社等群团组织、行业组织、企业、事业单位等应当依法履行实施职业教育的义务，参与、支持或者开展职业教育。

第十条　国家采取措施，大力发展技工教育，全面提高产业工人素质。

国家采取措施，支持举办面向农村的职业教育，组织开展农业技能培训、返乡创业就业培训和职业技能培训，培养高素质乡村振兴人才。

国家采取措施，扶持革命老区、民族地区、边远地区、欠发达地区职业教育的发展。

国家采取措施，组织各类转岗、再就业、失业人员以及特殊人群等接受各种形式的职业教育，扶持残疾人职业教育的发展。

国家保障妇女平等接受职业教育的权利。

第十一条　实施职业教育应当根据经济社会发展需要，结合职业分类、职业标准、职业发展需求，制定教育标准或者培训方案，实行学历证书及其他学业证书、培训证书、职业资格证书和职业技能等级证书制度。

国家实行劳动者在就业前或者上岗前接受必要的职业教育的制度。

第十二条　国家采取措施，提高技术技能人才的社会地位和待遇，弘扬劳动光荣、技能宝贵、创造伟大的时代风尚。

国家对在职业教育工作中做出显著成绩的单位和个人按照有关规定给予表彰、奖励。

每年5月的第二周为职业教育活动周。

……

劳动法

（1994年7月5日第八届全国人民代表大会常务委员会第八次会议通过　根据2009年8月27日第十一届全国人民代表大会常务委员会第十次会议《关于修改部分法律的决定》第一次修正　根据2018年12月29日第十三届全国人民代表大会常务委员会第七次会议《关于修改〈中华人民共和国劳动法〉等七部法律的决定》第二次修正）

第一章　总则

第一条　为了保护劳动者的合法权益，调整劳动关系，建立和维护适应社会主义市场经济的劳动制度，促进经济发展和社会进步，根据宪法，制定本法。

第二条　在中华人民共和国境内的企业、个体经济组织（以下统称用人单位）和与之形成劳动关系的劳动者，适用本法。

国家机关、事业组织、社会团体和与之建立劳动合同关系的劳动者，依照本法执行。

第三条　劳动者享有平等就业和选择职业的权利、取得劳动报酬的权利、休息休假的权利、获得劳动安全卫生保护的权利、接受职业技能培训的权利、享受社会保险和福利的权利、提请劳动争议处理的权利以及法律规定的其他劳动权利。

劳动者应当完成劳动任务，提高职业技能，执行劳动安全卫生规程，遵守劳动纪律和职业道德。

第四条　用人单位应当依法建立和完善规章制度，保障劳动者享有劳动权利和履行劳动义务。

第五条 国家采取各种措施,促进劳动就业,发展职业教育,制定劳动标准,调节社会收入,完善社会保险,协调劳动关系,逐步提高劳动者的生活水平。

第六条 国家提倡劳动者参加社会义务劳动,开展劳动竞赛和合理化建议活动,鼓励和保护劳动者进行科学研究、技术革新和发明创造,表彰和奖励劳动模范和先进工作者。

第七条 劳动者有权依法参加和组织工会。

工会代表和维护劳动者的合法权益,依法独立自主地开展活动。

第八条 劳动者依照法律规定,通过职工大会、职工代表大会或者其他形式,参与民主管理或者就保护劳动者合法权益与用人单位进行平等协商。

第九条 国务院劳动行政部门主管全国劳动工作。

县级以上地方人民政府劳动行政部门主管本行政区域内的劳动工作。

……

安全生产法

(2002年6月29日第九届全国人民代表大会常务委员会第二十八次会议通过 根据2009年8月27日第十一届全国人民代表大会常务委员会第十次会议《关于修改部分法律的决定》第一次修正 根据2014年8月31日第十二届全国人民代表大会常务委员会第十次会议《关于修改〈中华人民共和国安全生产法〉的决定》第二次修正 根据2021年6月10日第十三届全国人民代表大会常务委员会第二十九次会议《关于修改〈中华人民共和国安全生产法〉的决定》第三次修正)

第一章 总则

第一条 为了加强安全生产工作,防止和减少生产安全事故,保障人民群众生命和财产安全,促进经济社会持续健康发展,制定本法。

第二条 在中华人民共和国领域内从事生产经营活动的单位(以下统称生产经营单位)的安全生产,适用本法;有关法律、行政法规对消防安全和道路交通安全、铁路交通安全、水上交通安全、民用航空安全以及核与辐射安全、特种设备安全另有规定的,适用其规定。

第三条 安全生产工作坚持中国共产党的领导。

安全生产工作应当以人为本,坚持人民至上、生命至上,把保护人民生命安全摆在首位,树牢安全发展理念,坚持安全第一、预防为主、综合治理的方针,从源头上防范化解重大安全风险。

安全生产工作实行管行业必须管安全、管业务必须管安全、管生产经营必须管安全,强化和落实生产经营单位主体责任与政府监管责任，建立生产经营单位负责、职工参与、政府监管、行业自律和社会监督的机制。

第四条　生产经营单位必须遵守本法和其他有关安全生产的法律、法规，加强安全生产管理，建立健全全员安全生产责任制和安全生产规章制度，加大对安全生产资金、物资、技术、人员的投入保障力度，改善安全生产条件，加强安全生产标准化、信息化建设，构建安全风险分级管控和隐患排查治理双重预防机制，健全风险防范化解机制，提高安全生产水平，确保安全生产。

平台经济等新兴行业、领域的生产经营单位应当根据本行业、领域的特点，建立健全并落实全员安全生产责任制，加强从业人员安全生产教育和培训，履行本法和其他法律、法规规定的有关安全生产义务。

第五条　生产经营单位的主要负责人是本单位安全生产第一责任人，对本单位的安全生产工作全面负责。其他负责人对职责范围内的安全生产工作负责。

第六条　生产经营单位的从业人员有依法获得安全生产保障的权利，并应当依法履行安全生产方面的义务。

第七条　工会依法对安全生产工作进行监督。

生产经营单位的工会依法组织职工参加本单位安全生产工作的民主管理和民主监督，维护职工在安全生产方面的合法权益。生产经营单位制定或者修改有关安全生产的规章制度，应当听取工会的意见。

第八条　国务院和县级以上地方各级人民政府应当根据国民经济和社会发展规划制定安全生产规划，并组织实施。安全生产规划应当与国土空间规划等相关规划相衔接。

各级人民政府应当加强安全生产基础设施建设和安全生产监管能力建设，所需经费列入本级预算。

县级以上地方各级人民政府应当组织有关部门建立完善安全风险评估与论证机制，按照安全风险管控要求，进行产业规划和空间布局，并对位置相邻、行业相近、业态相似的生产经营单位实施重大安全风险联防联控。

第九条　国务院和县级以上地方各级人民政府应当加强对安全生产工作的领导，建立健全安全生产工作协调机制，支持、督促各有关部门依法履行安全生产监督管理职责，及时协调、解决安全生产监督管理中存在的重大问题。

乡镇人民政府和街道办事处，以及开发区、工业园区、港区、风景区等应当明确负责安全生产监督管理的有关工作机构及其职责，加强安全生产监管力量建设，按照职责对本行政区域或者管理区域内生产经营单位安全生产状况进行监督检查，协助人民政府有关部门或者按照授权依法履行安全生产监督管理职责。

第十条　国务院应急管理部门依照本法,对全国安全生产工作实施综合监督管理;县级以上地方各级人民政府应急管理部门依照本法,对本行政区域内安全生产工作实施综合监督管理。

国务院交通运输、住房和城乡建设、水利、民航等有关部门依照本法和其他有关法律、行政法规的规定,在各自的职责范围内对有关行业、领域的安全生产工作实施监督管理;县级以上地方各级人民政府有关部门依照本法和其他有关法律、法规的规定,在各自的职责范围内对有关行业、领域的安全生产工作实施监督管理。对新兴行业、领域的安全生产监督管理职责不明确的,由县级以上地方各级人民政府按照业务相近的原则确定监督管理部门。

应急管理部门和对有关行业、领域的安全生产工作实施监督管理的部门,统称负有安全生产监督管理职责的部门。负有安全生产监督管理职责的部门应当相互配合、齐抓共管、信息共享、资源共用,依法加强安全生产监督管理工作。

第十一条　国务院有关部门应当按照保障安全生产的要求,依法及时制定有关的国家标准或者行业标准,并根据科技进步和经济发展适时修订。

生产经营单位必须执行依法制定的保障安全生产的国家标准或者行业标准。

第十二条　国务院有关部门按照职责分工负责安全生产强制性国家标准的项目提出、组织起草、征求意见、技术审查。国务院应急管理部门统筹提出安全生产强制性国家标准的立项计划。国务院标准化行政主管部门负责安全生产强制性国家标准的立项、编号、对外通报和授权批准发布工作。国务院标准化行政主管部门、有关部门依据法定职责对安全生产强制性国家标准的实施进行监督检查。

第十三条　各级人民政府及其有关部门应当采取多种形式,加强对有关安全生产的法律、法规和安全生产知识的宣传,增强全社会的安全生产意识。

第十四条　有关协会组织依照法律、行政法规和章程,为生产经营单位提供安全生产方面的信息、培训等服务,发挥自律作用,促进生产经营单位加强安全生产管理。

第十五条　依法设立的为安全生产提供技术、管理服务的机构,依照法律、行政法规和执业准则,接受生产经营单位的委托为其安全生产工作提供技术、管理服务。

生产经营单位委托前款规定的机构提供安全生产技术、管理服务的,保证安全生产的责任仍由本单位负责。

第十六条　国家实行生产安全事故责任追究制度,依照本法和有关法律、法规的规定,追究生产安全事故责任单位和责任人员的法律责任。

第十七条　县级以上各级人民政府应当组织负有安全生产监督管理职责的部门依法编制安全生产权力和责任清单,公开并接受社会监督。

第十八条 国家鼓励和支持安全生产科学技术研究和安全生产先进技术的推广应用，提高安全生产水平。

第十九条 国家对在改善安全生产条件、防止生产安全事故、参加抢险救护等方面取得显著成绩的单位和个人，给予奖励。

……

未成年人保护法

（1991年9月4日第七届全国人民代表大会常务委员会第二十一次会议通过 2006年12月29日第十届全国人民代表大会常务委员会第二十五次会议第一次修订 根据2012年10月26日第十一届全国人民代表大会常务委员会第二十九次会议《关于修改〈中华人民共和国未成年人保护法〉的决定》修正 2020年10月17日第十三届全国人民代表大会常务委员会第二十二次会议第二次修订）

第一章 总则

第一条 为了保护未成年人身心健康，保障未成年人合法权益，促进未成年人德智体美劳全面发展，培养有理想、有道德、有文化、有纪律的社会主义建设者和接班人，培养担当民族复兴大任的时代新人，根据宪法，制定本法。

第二条 本法所称未成年人是指未满十八周岁的公民。

第三条 国家保障未成年人的生存权、发展权、受保护权、参与权等权利。

未成年人依法平等地享有各项权利，不因本人及其父母或者其他监护人的民族、种族、性别、户籍、职业、宗教信仰、教育程度、家庭状况、身心健康状况等受到歧视。

第四条 保护未成年人，应当坚持最有利于未成年人的原则。处理涉及未成年人事项，应当符合下列要求：

（一）给予未成年人特殊、优先保护；

（二）尊重未成年人人格尊严；

（三）保护未成年人隐私权和个人信息；

（四）适应未成年人身心健康发展的规律和特点；

（五）听取未成年人的意见；

（六）保护与教育相结合。

第五条 国家、社会、学校和家庭应当对未成年人进行理想教育、道德教育、科学教育、文化教育、法治教育、国家安全教育、健康教育、劳动教育，加强爱国主义、集体主义和中国特色社会主义的教育，培养爱祖国、爱人民、爱劳动、爱科学、爱社会主义的公德，抵制资本主义、封建主义和其他腐朽思想的侵蚀,引导未成年人树立和践行社会主义核心价值观。

第六条 保护未成年人,是国家机关、武装力量、政党、人民团体、企业事业单位、社会组织、城乡基层群众性自治组织、未成年人的监护人以及其他成年人的共同责任。

国家、社会、学校和家庭应当教育和帮助未成年人维护自身合法权益,增强自我保护的意识和能力。

第七条 未成年人的父母或者其他监护人依法对未成年人承担监护职责。

国家采取措施指导、支持、帮助和监督未成年人的父母或者其他监护人履行监护职责。

第八条 县级以上人民政府应当将未成年人保护工作纳入国民经济和社会发展规划,相关经费纳入本级政府预算。

第九条 县级以上人民政府应当建立未成年人保护工作协调机制,统筹、协调、督促和指导有关部门在各自职责范围内做好未成年人保护工作。协调机制具体工作由县级以上人民政府民政部门承担,省级人民政府也可以根据本地实际情况确定由其他有关部门承担。

第十条 共产主义青年团、妇女联合会、工会、残疾人联合会、关心下一代工作委员会、青年联合会、学生联合会、少年先锋队以及其他人民团体、有关社会组织,应当协助各级人民政府及其有关部门、人民检察院、人民法院做好未成年人保护工作,维护未成年人合法权益。

第十一条 任何组织或者个人发现不利于未成年人身心健康或者侵犯未成年人合法权益的情形,都有权劝阻、制止或者向公安、民政、教育等有关部门提出检举、控告。

国家机关、居民委员会、村民委员会、密切接触未成年人的单位及其工作人员,在工作中发现未成年人身心健康受到侵害、疑似受到侵害或者面临其他危险情形的,应当立即向公安、民政、教育等有关部门报告。

有关部门接到涉及未成年人的检举、控告或者报告,应当依法及时受理、处置,并以适当方式将处理结果告知相关单位和人员。

第十二条 国家鼓励和支持未成年人保护方面的科学研究,建设相关学科、设置相关专业,加强人才培养。

第十三条 国家建立健全未成年人统计调查制度,开展未成年人健康、受教育等状况的统计、调查和分析,发布未成年人保护的有关信息。

第十四条 国家对保护未成年人有显著成绩的组织和个人给予表彰和奖励。

……

职业病防治法

（2001年10月27日第九届全国人民代表大会常务委员会第二十四次会议通过　根据2011年12月31日第十一届全国人民代表大会常务委员会第二十四次会议《关于修改〈中华人民共和国职业病防治法〉的决定》第一次修正　根据2016年7月2日第十二届全国人民代表大会常务委员会第二十一次会议《关于修改〈中华人民共和国节约能源法〉等六部法律的决定》第二次修正　根据2017年11月4日第十二届全国人民代表大会常务委员会第三十次会议《关于修改〈中华人民共和国会计法〉等十一部法律的决定》第三次修正　根据2018年12月29日第十三届全国人民代表大会常务委员会第七次会议《关于修改〈中华人民共和国劳动法〉等七部法律的决定》第四次修正）

第一章　总则

第一条　为了预防、控制和消除职业病危害，防治职业病，保护劳动者健康及其相关权益，促进经济社会发展，根据宪法，制定本法。

第二条　本法适用于中华人民共和国领域内的职业病防治活动。

本法所称职业病，是指企业、事业单位和个体经济组织等用人单位的劳动者在职业活动中，因接触粉尘、放射性物质和其他有毒、有害因素而引起的疾病。

职业病的分类和目录由国务院卫生行政部门会同国务院劳动保障行政部门制定、调整并公布。

第三条　职业病防治工作坚持预防为主、防治结合的方针，建立用人单位负责、行政机关监管、行业自律、职工参与和社会监督的机制，实行分类管理、综合治理。

第四条　劳动者依法享有职业卫生保护的权利。

用人单位应当为劳动者创造符合国家职业卫生标准和卫生要求的工作环境和条件，并采取措施保障劳动者获得职业卫生保护。

工会组织依法对职业病防治工作进行监督，维护劳动者的合法权益。用人单位制定或者修改有关职业病防治的规章制度，应当听取工会组织的意见。

第五条　用人单位应当建立、健全职业病防治责任制，加强对职业病防治的管理，提高职业病防治水平，对本单位产生的职业病危害承担责任。

第六条　用人单位的主要负责人对本单位的职业病防治工作全面负责。

第七条　用人单位必须依法参加工伤保险。

国务院和县级以上地方人民政府劳动保障行政部门应当加强对工伤保险的监督管理，确保劳动者依法享受工伤保险待遇。

第八条　国家鼓励和支持研制、开发、推广、应用有利于职业病防治和保护劳动者健康的新技术、新工艺、新设备、新材料，加强对职业病的机理和发生规律的基础研究，提高职业病防治科学技术水平；积极采用有效的职业病防治技术、工艺、设备、材料；限制使用或者淘汰职业病危害严重的技术、工艺、设备、材料。

国家鼓励和支持职业病医疗康复机构的建设。

第九条　国家实行职业卫生监督制度。

国务院卫生行政部门、劳动保障行政部门依照本法和国务院确定的职责，负责全国职业病防治的监督管理工作。国务院有关部门在各自的职责范围内负责职业病防治的有关监督管理工作。

县级以上地方人民政府卫生行政部门、劳动保障行政部门依据各自职责，负责本行政区域内职业病防治的监督管理工作。县级以上地方人民政府有关部门在各自的职责范围内负责职业病防治的有关监督管理工作。

县级以上人民政府卫生行政部门、劳动保障行政部门（以下统称职业卫生监督管理部门）应当加强沟通，密切配合，按照各自职责分工，依法行使职权，承担责任。

第十条　国务院和县级以上地方人民政府应当制定职业病防治规划，将其纳入国民经济和社会发展计划，并组织实施。

县级以上地方人民政府统一负责、领导、组织、协调本行政区域的职业病防治工作，建立健全职业病防治工作体制、机制，统一领导、指挥职业卫生突发事件应对工作；加强职业病防治能力建设和服务体系建设，完善、落实职业病防治工作责任制。

乡、民族乡、镇的人民政府应当认真执行本法，支持职业卫生监督管理部门依法履行职责。

第十一条　县级以上人民政府职业卫生监督管理部门应当加强对职业病防治的宣传教育，普及职业病防治的知识，增强用人单位的职业病防治观念，提高劳动者的职业健康意识、自我保护意识和行使职业卫生保护权利的能力。

第十二条　有关防治职业病的国家职业卫生标准，由国务院卫生行政部门组织制定并公布。

国务院卫生行政部门应当组织开展重点职业病监测和专项调查，对职业健康风险进行评估，为制定职业卫生标准和职业病防治政策提供科学依据。

县级以上地方人民政府卫生行政部门应当定期对本行政区域的职业病防治情况进行统计和调查分析。

第十三条　任何单位和个人有权对违反本法的行为进行检举和控告。有关部门收到相关的检举和控告后，应当及时处理。

对防治职业病成绩显著的单位和个人，给予奖励。

……

实践篇

第六章
生活劳动

学习目标

知识目标

1. 知道洗衣的基本常识,了解常用手缝针法和衣物的收纳技巧,掌握扫地、拖地的技巧。
2. 了解中国传统饮食文化,掌握月饼的制作方法。
3. 意识到有序生活和节能减排的重要性,做到起居有序,通过废物利用实现节能环保。
4. 了解我国传统手工艺,掌握盘扣的制作方法。

素质目标

1. 养成良好的劳动习惯,热爱劳动,践行劳动精神。
2. 养成良好的生活习惯,提高衣、食、住、行等方面的劳动技能。
3. 做家务劳动的践行者,主动承担家务劳动。

任务一　衣之有形

千里之行，始于足下。"不会""有更重要的事情做"不是我们拒绝家务劳动的借口，而应该是我们学习、践行家务劳动的动力。我们应该从洗衣、针线活、收纳等方面学起，在日常生活中养成好的劳动习惯，做到"衣之有形"。

一、洗衣必备常识

（一）洗衣要分类

洗衣服时，不仅要按颜色分类，还要看衣服的材质、种类。专家建议，衣物按颜色可分为4类：纯白色、浅色（包括带白色条纹的衣物）、深色（黑、蓝、褐等）、艳色（红、黄、橙等）。材质方面，一定要将毛绒多的衣物（毛巾、毛衣、灯芯绒衣物等）和容易起球的衣服分开洗，避免把衣服洗坏。贴身衣物，如内裤、秋衣裤等，要单独洗涤。

（二）水温应合适

一般来说，水温越高，去污越快，消毒效果也越好，但是，很多衣物不适合用热水洗涤，洗前应注意查看洗涤标签。例如，内衣、床单等应该用热水洗涤。

（三）先放洗涤剂，后放衣物

如果先放衣物，后放洗涤剂，可能会导致洗衣液不能充分溶解，有时还会附着在衣服上，不易漂洗干净。洗衣服时，应该先放水，再倒入洗涤剂，搅动几下，使其充分溶解后再放入衣物。

（四）洗衣机不能塞太满

有人喜欢积累一堆脏衣服，把洗衣机塞满再洗，以为可以省水省电，殊不知，这样不但容易洗不干净，还会缩短洗衣机的使用寿命。专家建议，衣物体积最多占洗衣机滚筒体积的2/3。

（五）衣服脏了应马上清洗

如果衣服不小心染上果汁、食用油、墨迹等污渍，需要立即处理，否则可能会留下永久的印迹。处理时，应在水中加入适量洗涤剂，然后将污处放入水中浸泡，让衣物及时接触到洗涤剂，才能轻松洗净。如果在外不方便脱衣服或没有洗涤剂，应迅速用干布或纸巾吸干污渍，然后将布蘸湿，轻轻擦拭污处，回家后再彻底清洗。

（六）洗涤剂不宜倒太多

洗涤剂达到一定浓度后，去污效果就不会再增强了。如果用量太大，不但浪费资源，还极易产生残留，降低人体免疫功能。一般来说，洗涤剂的用量可参照说明书的推荐。水质也会影响洗涤剂的用量，如果水质偏软，可以少用些；如果水质硬、水垢多，洗涤剂不易溶解，可适当多放些，同时可以加入些小苏打，衣物清洗得会更彻底。

（七）洗衣机要及时清理

洗衣时，污渍会积累在滚筒缝隙中。用完洗衣机后，应该用清水冲洗一下滚筒、过滤网，还可以在水中加白醋，帮助去除残留的洗涤剂。除此之外，每个月最好再用专业清洗剂彻底消毒一次。几乎每个人都会忽视排水管，一旦排水管或洗衣机的其他管道堵塞，不仅耗费能源，影响洗涤效果，还会形成安全隐患。因此，应定期用吸尘器对着各个管口吸尘，使其保持通畅。

二、洗涤剂的选择技巧

（一）肥皂

肥皂是以动物或植物的油脂作为原料，经过化学反应得到的高级脂肪酸盐。肥皂的主要成分是硬脂酸钠，该成分既有亲水性，又对油污具有亲和力，所以去污效果良好。此外，肥皂大多数由天然材料制成，对皮肤的刺激性比较小，因此使用肥皂来进行洗涤对身体有好处。

（二）天然皂粉

天然皂粉是一种把洗护功能结合起来的洗涤产品，具有天然、强去污、超低泡、易漂洗等特点。它的活性物质主要是脂肪酸，原料90%以上来自可再生的植物油脂，且不含聚磷酸盐。皂粉对皮肤的刺激性低，且可以保护织物，洗后的织物无需使用柔顺剂就蓬松柔软，解决了多次洗涤后织物污垢积淀、硬化、带静电等问题。皂粉还克服了洗衣粉刺激皮肤的缺点，洗涤效果也更出色。

（三）洗衣粉

洗衣粉化学性比较强，特别是一些洗衣粉中含有的磷对身体有一定的伤害，因此购买洗衣粉时一定要选择不含磷的产品，无磷洗衣粉中聚磷酸盐的含量大大降低，更环保。漂白水虽然能起到一定的杀菌作用，但其含有的氯，对于一些衣物的色彩破坏会很大，因此在使用时一定要慎重。

（四）洗衣液

在众多洗涤用品中，更加环保的洗衣液逐渐获得了人们的青睐。好的洗衣液不含碱、铝、磷等化学成分，清洁力强，能更充分地溶解在水里，发挥去污作用，而且清洁度高、泡沫少、易于漂洗，这也就减少了洗衣时水电的消耗。

三、常用手缝针法

做好针线活的前提是学会常用的针法。缝制衣物时，要根据需求选择合适的针法，我们常用的针法有平针法、回针法、锁边缝、包边缝、扣眼缝、缩缝法等。

（一）平针法

这是一种最常用、最简单的手缝方法，通常用来做一些不需要很牢固的缝合，主要用于拼接布料和缝制布料的轮廓（见图6-1）。可以一次多挑几针然后一起拉紧线头。缝制时要注意针脚间隔均匀，针脚距离一般保持在0.5厘米左右，也可以根据实际情况调整。

（二）回针法

回针法也叫倒针法。这是一种类似于机缝而且最牢固的手缝方法，用这种方法可以缝合拉链、裤裆、背包等牢固度要求较高的地方（见图6-2）。

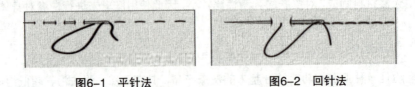

图6-1　平针法　　　　图6-2　回针法

（三）锁边缝

这种方法一般用来缝制织物的毛边，以防织物的毛边散开（见图6-3）。

（四）包边缝和扣眼缝

这是两种极为相似的缝法，用途和锁边缝一样，但包缝和扣眼缝的装饰性和实用性都要更强一些（见图6-4）。

（五）缩缝法

这是很实用的一种针法，可以在缝制过程中拉出松紧度，一般用于缝制缩口（见图6-5）。

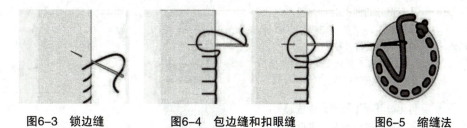

图6-3　锁边缝　　　　图6-4　包边缝和扣眼缝　　　　图6-5　缩缝法

劳动实践

T恤衫收纳

一、劳动实践的组织形式

学生分成小组，每组6～8人。

二、劳动实践活动准备

（1）T恤12件。

（2）仔细观看PPT、视频等，认真领悟活动目标、步骤、操作规范、注意事项。

三、劳动实践设计

劳动实践步骤	操作要求	参考范例	学生实践记录（完成度、效果、问题、创新等）
步骤1	将后背向上放置的T恤衫摊开，抻开褶皱，攥住左侧的领边，横向折叠。 注意：后背向上，抻开褶皱。		
步骤2	根据放置场所的宽度，由左侧向后背折叠，再将袖子折回来。 注意：T恤衫平铺在桌子（床）上，向后背折叠宽度为袖子的宽度。		

续表

劳动实践步骤	操作要求	参考范例	学生实践记录（完成度、效果、问题、创新等）
步骤3	相对的一侧同样折叠，将右侧折叠，并将袖子折回。左右折叠的大小要均等。 注意：左右折叠大小要均等。		
步骤4	从下摆开始向上对折，整理形状和褶皱后，就基本完成了，领子的周围也要整理整齐。 注意：调整下摆向上对折的宽度，使下摆与领口对齐。		
步骤5	再将前身向上放置，叠放起来，衣服的长度过长时，可以将下摆稍微折叠之后，再对折。 注意：衣服过长时，可先折叠下摆。		
步骤6	竖立收藏的时候，进一步对折，将折叠的边缘向上并列排列，这样既不易松散，也可以轻松取放。 注意：竖立收藏，折叠边缘向上并列排列。		
心得体会			

四、劳动评价

评价内容	评价细则	分值	学生自评	组间互评	教师评价
劳动习惯	准备材料仪器、工具设备	10			
	劳动纪律与安全	10			
	按照标准流程进行	20			
劳动品质	团队合作、劳动意志、审美情趣	10			
	体现劳动精神、劳模精神、工匠精神	20			
劳动能力	明确目标，熟悉流程，工具使用符合规范	20			
	成品标准，成效显著	10			

任务二　食之有味

中国饮食文化博大精深、源远流长，在世界上享有很高的声誉。老子这样论饮食："治大国若烹小鲜"，"圣人为腹不为目"。做饭不仅仅是一项生活技能，更能让我们享受烹饪的乐趣，用美食调剂生活。

一、中国传统饮食结构

我国的饮食结构由我国人民的经济生活水平决定，同时也由中华民族千百年来的饮食经验积淀而成。我国传统饮食结构讲究主副食分明。我国人们认为得谷者昌，失谷者亡，食五谷治百病。我国传统饮食以谷物为主，副食主要是新鲜的天然食物。另外，人们非常重视食用蔬菜。我国有一句俗话，叫"三天不吃青，两眼冒金星"。从秦汉开始，我国人们的膳食结构就以植物性食料为基础，比如粮、豆、蔬、果、谷类等。主食是五谷，副食是蔬菜，外加少量的肉食，正如孔子在《论语·乡党》中说"肉虽多，不使胜食气"，这实际上是我国传统膳食结构理论最早的文字记载，强调要控制饮食的比例和量。

二、饮食营养与健康

均衡饮食和适量运动对于人体十分重要。均衡饮食是指我们要选择多种类和适当分量的食物，以便能获取各种营养素和恰当的热量，去维持身体组织的生长需要，增强抵抗力和达到合适的体重。在进食时，应该按照饮食金字塔的分量比例进食，以促进健康。均衡饮食使身体正常运转，有助于抵抗疾病，让人感到精力充沛并维持理想体重。要想达到理想体重，最有效及可持续的方法便是保持健康饮食并进行适量运动。过多食用煎炸和太甜或太咸的食物可能会导致肥胖、高血压、高胆固醇等，有损人们的健康。

健康饮食的三大原则为：进食多类食物、避免暴饮暴食、注意营养均衡。

三、食物传统制作方法

中国传统菜肴对于烹调方法极为讲究，不仅注重烹，更注重调，常见的方法有蒸、煮、烧、炖、烤、烹、炒、炸、拌、扒、酥、焖等。我国幅员辽阔，各地自然条件、人们的生活习惯、经济文化发展状况不同，在饮食烹调和菜品种类等方面，逐渐形成了各自不同的地方风味，如鲁菜、川菜、苏菜、闽菜、粤菜、京菜、湘菜、徽菜等。

中国饮食有其独特的魅力，关键就在于它的味美。而美味的产生，主要在于五味调和，以及色、香、味、形的有机统一。其中，在色的配制上，以辅助的色彩来衬托、突出、点缀和适应主料，形成菜肴色彩的均匀柔和、主次分明、浓淡相宜、和谐悦目。在口味的配合上，强调香气，突出主味，并辅佐调料，使之增香增味。在形的配制上，注重造型艺术，运用点缀、嵌酿等手法，融雕刻和菜肴于一体，形成和谐美观的造型。中国饮食将色、形、香、味、滋、养六者融于一体，使人们得到视觉、触觉、味觉的全方位享受，构成了以美味为核心、以养生为目的的中国烹饪特色。

四、中国饮食礼仪

中国是一个具有数千年礼仪风俗的文明古国，这在人们的饮食活动中表现得尤为突出。中国饮食已成为中国悠久文化的一个重要方面，它体现着中国社会和文化的特点。中国是一个崇尚礼仪的国家，无论是古代的"饮和食德"，还是现代的饮食文明，都充分体现了文化古国的饮食风貌。

中国传统饮食礼仪包括宴饮之礼、待客之礼、进食之礼、餐桌礼仪等诸方面，是较发达、完善的，并有"夫礼之初，始诸饮食"之说。在周朝时，饮食礼仪已成为一套相当完善的制度。中国传统饮食礼仪在社会实践中不断得到完善，对现代社会仍产生着深远影响，成为文明时代重要的行为规范。

总之，中国的饮食文化在整个世界都是享有盛誉的。中国饮食文化是一种高品位的悠久区域文化，是各族人民在几千年的生产和生活实践中积累下来的宝贵的物质及精神财富。我们只有对中国饮食文化有准确的把握和深刻的理解，才能更好地继承和弘扬中国饮食文化。

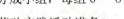

月饼制作

11.月饼制作

一、劳动实践的组织形式

学生分成小组，每组6～8人。

二、劳动实践活动准备

（1）低筋面粉、中筋面粉、转化糖浆、植物油、馅料、枧水、烤箱、打蛋器、鸡蛋、压筒等。

（2）仔细观看PPT、视频等，认真领悟活动目标、步骤、操作规范、注意事项。

三、劳动实践设计

劳动实践步骤	操作要求	参考范例	学生实践记录（完成度、效果、问题、创新等）
步骤1	将转化糖浆、枧水和植物油倒入盆中，用打蛋器搅匀。 注意：将转化糖浆、枧水、植物油搅拌均匀，使其彻底融合到一起。		
步骤2	筛入低筋面粉和中筋面粉的混合物拌匀。盖上保鲜膜，放入冰箱冷藏约20分钟，使面团更细腻均匀。 注意：翻拌均匀，盖上保鲜膜，冷藏时间不宜太长。		
步骤3	将馅料分成50克一份，搓成球，放在一边备用。 注意：馅量与模具大小有关，应根据实际情况调整。		
步骤4	将饼皮分成25克每个，搓成球放在一边。 注意：饼皮大小均匀，要先使用称重器进行称重。		
步骤5	把饼皮在手心按成中间稍厚、边缘略薄的圆片，将月饼馅放在中间。一边旋转，一边在虎口处推动外层饼皮，慢慢收口。 注意：饼皮要中间厚，边缘薄。		
步骤6	将所有的馅料都这样包好，搓成球。预热烤箱，上下火170度，10分钟。 注意：烤箱必须预热，温度为170度。		
步骤7	把花片安装在压筒里卡紧，筒内撒少许干粉，磕掉多余的部分，防止粘连。将月饼胚放在不粘烤盘上，用手心稍压扁，再套入模具中，压出图案。 注意：确保压筒干燥，防止粘连。		
步骤8	将做好的月饼胚放入预热好的烤箱中层，上下火170度，先烤10分钟至表面定型。 注意：先烤10分钟再刷蛋液。		

续表

劳动实践步骤	操作要求	参考范例	学生实践记录（完成度、效果、问题、创新等）
步骤9	将蛋黄和少许水调匀，用毛刷刷在月饼表面，回炉继续烤10分钟，烤好后取出，晾凉即可。 注意：将蛋黄与水混合调匀后再刷在月饼表面，这样既有颜色，又防干裂。		
心得体会			

四、劳动评价

评价内容	评价细则	分值	学生自评	组间互评	教师评价
劳动习惯	准备材料仪器、工具设备	10			
	劳动纪律与安全	10			
	按照标准流程进行	20			
劳动品质	团队合作、劳动意志、审美情趣	10			
	体现劳动精神、劳模精神、工匠精神	20			
劳动能力	明确目标，熟悉流程，工具使用符合规范	20			
	成品标准，成效显著	10			

任务三　用之有道

环境是人类生存和发展的基本前提。环境为我们的生存和发展提供了必需的资源和条件。随着社会经济的发展，人们逐渐认识到，生态环境保护是功在当代、利在千秋的事业。保护环境是我国的一项基本国策，我们要清楚地认识到保护生态环境、践行低碳生活的紧迫性和艰巨性，清醒地认识到加强生态文明建设的重要性和必要性，做绿化环保的倡导者和践行者。

废物利用是指收集本来要废弃的材料，分解再制成新产品，或者是收集用过的产品，清洁、处理之后再出售。废物回收再利用可以减少垃圾的制造以及原料的消耗。回收的废物一般包括玻璃、纸、铝、柏油、钢铁、打印机、碳粉匣、墨水匣等。

为了实现废物资源化，许多国家采取了一系列鼓励利用废物的政策和措施，如建立专业化的废物交换和回收机构。利用身边的各种生活废品来满足我们的日常需要是一种时尚的生活方式，这种被人们日渐接受的低碳生活方式也在影响我们的生活习惯。将生活、工作、生产中产生的各种废弃产物制作成漂亮、实用、低碳的手工艺品是当前大家践行低碳生活理念的方式之一，在环保之余，还能满足日常需要，是一种变废为宝的好办法。许多废品得到了二次利用，更能调动整个社会的力量参与到保护环境、变废为宝的潮流之中。

一、鸡蛋壳的妙用

（1）制作小工艺品。将完整的空蛋壳涂上颜色，可使其成为工艺品（见图6-6）。

（2）制作蛋壳花盆。将蛋壳清洗干净，彻底晾干。放入适量盆栽土壤，种上两三颗种子。将这个简易花盆放在光照充足的地方，注意浇水，保持土壤湿润。等待几天，种子发芽，一个充满生机的蛋壳花盆就制作完成了（见图6-7）。

图6-6 蛋壳工艺品

图6-7 蛋壳花盆

二、巧用废弃的瓶子

（1）制小喷壶。有些饮料瓶色彩鲜艳，丢弃了实在有些可惜，可用来制作很实用的小喷壶。用废瓶子做小喷壶时，只要在瓶盖上扎些小孔即可。

（2）制作量杯。有的瓶子（如废弃不用的奶瓶等）上有刻度，只要稍加工，就制作成量杯。

（3）使衣物香气袭人。空的香水瓶不要立即扔掉，把瓶盖打开，放在衣柜里，会使衣物变得香气袭人。

（4）擀面条。擀面条时，如果一时找不到擀面杖，可用空玻璃瓶代替。用灌有热水的瓶子擀面条，还可以使硬面变软。

（5）除领带上的皱纹。皱了的领带，不用熨斗，也能使其变得平整，只要把领带卷在圆筒状的啤酒瓶上，待第二天用时，原来的褶皱就消失了。

(6) 制作漏斗。用剪刀将可乐空瓶从中部剪断，上部即是一只很实用的漏斗。

三、巧用废瓶盖

（1）清洁墙壁。将几只小瓶盖钉在小木板上，制成一个小刷子，用它可刮去贴在墙壁上的纸张和鞋底上的泥土等，用途很广。

（2）垫肥皂盒。将瓶盖垫在肥皂盒中，可使肥皂不与盒底的水接触，同时节省肥皂。

（3）制作洗衣板。将一些废药瓶上的盖子（如青霉素瓶上的橡皮盖子等）搜集起来，然后将它们纵横交错，一排排钉在一块长方形的木板上（钉子必须钉在盖子的凹陷处），就可制成一块很实用的搓衣板。因橡皮盖子有弹性，洗衣时衣物的磨损程度也比较轻。

（4）做椅子脚垫。在地板上搬动椅子时常会发出刺耳的响声。为避免这一点，可在椅子脚上安装一个软瓶盖（如青霉素瓶上的橡胶盖）作为缓冲物，这样拖动椅子时既不会发出刺耳的声音，又可以保护地板。

劳动实践

制作花盆

一、劳动实践的组织形式

学生分成小组，每组6～8人。

二、劳动实践活动准备

（1）洗衣液空瓶、彩笔、小刀、泥土、绿植等材料。

（2）仔细观看PPT、视频等，认真领悟活动目标、步骤、操作规范、注意事项。

三、劳动实践设计

劳动实践步骤	操作要求	参考范例	学生实践记录（完成度、效果、问题、创新等）
步骤1	准备一个洗衣液的空瓶，并将标签撕掉。 注意：洗衣液瓶子上的标签不易撕掉，可用吹风机加热后再撕掉。		
步骤2	拿出记号笔，画出要切割的部分，然后用小刀大致切好。 注意：切割时要注意安全。		

续表

劳动实践步骤	操作要求	参考范例	学生实践记录（完成度、效果、问题、创新等）
步骤3	修饰下方，做成波浪，在底部扎几个小孔。 注意：底部一定要扎小孔，这样绿植才可以透气、排水。		
步骤4	修饰顶部心形孔洞，增加美感。 注意：修饰尽量细致，使花盆看起来既实用又美观。		
步骤5	在花盆底部放入泥土以及绿植。 注意：在底部放入的泥土要适量。		
心得体会			

四、劳动评价

评价内容	评价细则	分值	学生自评	组间互评	教师评价
劳动习惯	准备材料仪器、工具设备	10			
	劳动纪律与安全	10			
	按照标准流程进行	20			
劳动品质	团队合作、劳动意志、审美情趣	10			
	体现劳动精神、劳模精神、工匠精神	20			
劳动能力	明确目标，熟悉流程，工具使用符合规范	20			
	成品标准，成效显著	10			

任务四　居之有序

在日常生活中，我们要养成做家务的习惯。保持屋舍整洁，物品井然有序，过一种"有序"的生活，能让我们容光焕发、心情舒畅，对我们的学习、生活和工作都有很大的促进作用。

一、收纳技巧

（一）按照使用频率分类收纳物品

常用的物品放在显眼处，不常用的物品收纳在柜子内。例如，厨房台面上放置食用油、盐、酱油、醋等常用物品，备用油、盐等放在橱柜中；将每天使用的拖鞋置于易拿处，换季的鞋子放在鞋柜中；将每天出门需要的衣服、帽子等挂在随手可拿的地方，换季的衣服放在柜子里或收纳箱中。

（二）借助收纳盒

厨房的抽屉内，可配置大小合适的分餐盒，将筷子、勺子等分别置于其中；书桌的抽屉内，可以借助不同的小盒子划分区域，使小物件井然有序。

（三）垂直收纳

利用空着的墙面收纳物品。例如，在书桌的上方放置两层或者三层的隔板架，在厨房墙面悬挂收纳篮，等等。

（四）利用好角落空间

餐厅、卧室的角落是很好的收纳空间，充分利用这些角落空间（如放置移动的收纳架），不仅会使我们的住处显得井然有序，还会营造出一种特别的美感（见图6-8）。

图6-8　收纳整理前后对比

二、作息规律

研究表明，科学、合理、规律的作息能提高人体的免疫力，降低疾病发生的概率，因此我们需要合理地安排作息时间。可参看表6-1。

第六章 生活劳动

表 6-1 合理的作息时间

时间段	作息安排
6：30—7：30	起床伸展身体，呼吸新鲜空气，喝温水，为一天的工作做好准备。
7：30—9：00	吃早餐。不管时间多匆忙，都要记得吃早餐，因为它可以帮助我们维持血糖水平的稳定，为上午的工作或学习补充能量。
9：00—11：00	这个时间段是工作和学习的第一个黄金时期。大部分人在这两个小时内头脑最清醒、思路最清晰，因此适宜开展工作和学习。
11：00—12：00	吃点水果。经过一上午的工作和学习，我们的血糖可能会下降，可能导致我们无法专心工作。此时可以吃点水果，及时补充血糖。
12：00—13：00	吃午餐。丰富的午餐能为身体增添能量，以保证身体的能量所需。
13：00—14：00	午休。每天保证 30 分钟的午休会使人精力充沛，还能起到保护心脏的作用。
14：00—17：00	这个时间段是工作和学习的第二个黄金时期，此时身体和大脑都处于活跃状态，适宜进行细致而密集的工作。
17：00—19：00	吃晚餐。晚餐应该多吃蔬菜，少吃富含卡路里和蛋白质的食物。同时注意，晚餐应少吃，吃太多会引起血糖升高，并增加消化系统的负担。
19：00—21：00	做运动。可根据个人需求进行体育锻炼，这样既可以消耗晚餐热量，也能使身心得到放松。
21：00—22：00	看书或休息。
22：30	上床睡觉。每天应尽量保证 8 个小时的充足睡眠。

劳动实践

套被罩

一、劳动实践的组织形式

学生分成小组，每组 6～8 人。

二、劳动实践活动准备

（1）被子、被罩等实践材料。

（2）仔细观看 PPT、视频等，认真领悟活动目标、步骤、操作规范、注意事项。

三、劳动实践设计

劳动实践步骤	操作要求	参考范例	学生实践记录（完成度、效果、问题、创新等）
步骤 1	把被罩反过来，平铺好，有拉链的一面对着自己。 注意：开口朝下，有拉链的一面对着自己。		

续表

劳动实践步骤	操作要求	参考范例	学生实践记录（完成度、效果、问题、创新等）
步骤2	把被子平铺在被罩上，四角对齐。 注意：四角必须对齐，如有绑带，最好将绑带固定好。		
步骤3	把被罩和被芯的两个角向中间折起。 注意：对折的两个角要面对自己。		
步骤4	对折后形成一个三角形，往下卷，一直卷到头。 注意：从三角形的位置向下卷。		
步骤5	将被罩反掏过来，把卷起来的被子展开。 注意：在被罩开口处往外反掏。		
步骤6	将最开始对折的棉被拉出，整理一下。 注意：在对折的地方，将被罩和被芯一起拉出。		
心得体会			

四、劳动评价

评价内容	评价细则	分值	学生自评	组间互评	教师评价
劳动习惯	准备材料仪器、工具设备	10			
	劳动纪律与安全	10			
	按照标准流程进行	20			
劳动品质	团队合作、劳动意志、审美情趣	10			
	体现劳动精神、劳模精神、工匠精神	20			
劳动能力	明确目标，熟悉流程，工具使用符合规范	20			
	成品标准，成效显著	10			

任务五　家政娴熟

一、清扫工具使用常识

（一）抹布

抹布是最常用的清洁保养工具之一，在打扫卫生的过程中，需要两种抹布，即湿抹布和干抹布。对抹布的要求是全棉、质地蓬松、柔软、吸水性强，湿抹布在使用时要求微湿润但拧不出水。

湿抹布的作用有：①擦去物体表面的灰尘，不使灰尘在清洁保养中再度扬起；②擦去物体表面的水渍、水迹，利用湿抹布中的水，将物体表面具有张力的水吸走。

在使用干抹布时要注意保持干燥，一旦潮湿至有湿润感，应立即更换。其主要作用是擦去湿抹布在物体表面遗留下的湿污垢、水渍，达到清洁保养的目的。

（二）百洁布

百洁布又称菜瓜布、瓜筋布，是由民间传统的清洁工具丝瓜筋演变而来的一种塑料纤维清洁保养工具。

1. 百洁布的主要作用

一是通过密集的空隙储存大量的清洁剂。二是通过有一定韧性的纤维丝来摩擦物体表面的污垢，达到清洁目的。

2. 百洁布的使用方法

百洁布清洁保养的主要对象是陶瓷、玻璃和其他建筑物装饰材料的硬表面。应该注意的是，百洁布纤维的硬度一定要比被清洗的物体表面的硬度低，否则会损坏物体表面。因此，在使用百洁布时，需要注意其使用方法：①清除大面积的污垢时，可用手掌将整块百洁布压住，来回推拉擦拭；②清除顽固的污垢时，可用手指顶住百洁布的局部擦拭，以增加百洁布的清洁力度；③对于小块凹坑内的污垢和角落位置的污垢，则可将百洁布折叠，使其呈锥形，将其锥尖部分深入污垢处擦拭；④使用百洁布不应用太大的力气，以免使百洁布弹性纤维失去弹性，也容易损坏被清洁保养的建筑物装饰材料表面；⑤使用完百洁布后，应漂洗干净，不拧干，自然晾干为好，这种方法可保持百洁布纤维的弹性和百洁布密集的空隙。

（三）钢丝球

钢丝球的主要作用在于清洁物体硬表面上较厚、较难清除的污垢。钢丝球是将不锈钢削成极薄的丝带制成的，有一定的硬度，带有弹簧的卷曲状，有空隙，有弹性，成团状。在使用钢丝球的过程中应注意以下事项：①将钢丝球浸入清洁保养剂溶液中，使其空隙中含有大量的清洁保养剂，再来擦拭物体的硬表面；②也可将清洁保养剂洒在被清洁保养的物体的硬表面上，用钢丝球直接擦拭；③擦拭时不可用太大的力气，以免损伤被清洁保养的物体的硬表面，同时也避免钢丝球失去弹性，影响使用寿命；④使用钢丝球时，应佩戴乳胶手套，以免钢丝球损伤操作人员的手；⑤使用完毕后，及时清洗钢丝球，晾干待用。

（四）扫帚

扫帚是最常用的卫生清洁工具，常见的有以下两种。

第一种是芦苇扎制的扫帚。手柄为竹制。芦苇穗较柔软，因此扫帚头比较厚实，清扫起来不会将灰尘扬起。主要用于建筑物通道表面的清洁保养。对细小颗粒的灰尘清洁效果较好，如粉尘状污垢。

第二种是塑料合成丝压制的扫帚，多为彩色塑料柄或铝合金柄。扫帚的合成丝也是彩色的，造型较美观。可用于建筑物内外围表面的清洁保养。单排丝的扫帚可在建筑物内大堂等装饰高雅的环境中使用，也适合家庭使用。

（五）簸箕

簸箕是一种铲状器具，主要用于装垃圾。簸箕材质一般分为铁质和塑料两种，最初的簸箕没有手柄，后来为了方便，人们为簸箕设计了手柄。使用簸箕时应注意以下事项：①清扫完毕后，应及时将簸箕中的垃圾倒掉；②移动盛有垃圾的簸箕时，簸箕的敞口处不得低垂，以防止簸箕中的垃圾落在地上，造成再次污染；③当簸箕中盛有重量较轻的垃圾（如纸片、泡沫塑料等）时，要用扫帚挡住垃圾，避免垃圾和灰尘再次扬起、散落，污染地板；④簸箕使用完毕后，应及时清理。

（六）拖把

拖把，又称墩地抹布，指擦洗地面的长柄清洁工具，亦泛指长柄清洁工具。最传统的拖把，是将一束布条捆扎在一个长木杆的一端。随着生活水平的提升，人们为拖把配上了"拧水"装置和"旋转甩干"装置，便有了"拧干拖把"和"甩干拖把"，使用起来更加方便、卫生。如今，拖把头所用的材料也日渐丰富，从早期的棉布条，逐渐发展成无纺布、超细纤维等。

二、扫地小技巧

清扫室内地面宜用按扫的方式,即扫地时扫帚尽量不离开地面;挥动扫把时,可稍用力向下压,这样既能把灰尘、垃圾扫净,又能防止灰尘;清扫时一般采用从狭窄处扫向宽广处、从边角处扫向中央处、从屋里扫向门口的清扫顺序。

地上毛发和灰尘多时,可将废弃的旧丝袜套在扫把上扫地。由于丝袜会和地面产生静电效应,很容易就能吸附起地上的毛发和灰尘。如果没有丝袜,塑料袋也可以起到同样的效果。

清扫楼梯时,可以站在下一阶,将垃圾从左右两端扫至中间再往下扫。这样能有效防止垃圾、灰尘从楼梯旁掉下去。

清扫室外区域时,应顺着风向扫,以免扫好的区域被再次弄脏。

三、拖地小技巧

拖地之前应该先扫地,最好在把地面的垃圾清扫干净之后再拖地。

(一)巧用肥皂水

在拖地的时候,可以在水桶里面放一些肥皂水,肥皂水的去污能力和清水相比强了很多倍,这样做也有很多好处,如果用普通的清水去拖地,地面上一定会留下很多水渍,使用这种方法能把地面变得干干净净。需要注意的是,用肥皂水拖地后地面容易打滑,可拖完后再用抹布擦拭一遍地面。

(二)巧用食盐水

如果地板上面沾染油污,可以使用食用盐来清洁,因为使用清水是很难将油污清洗干净的。可以将食盐撒在有油污的地方,然后等待一段时间,使用抹布反复擦拭地板,地板上面的油污就会脱落,其原理是食盐可以溶解油脂,达到彻底清洁的效果。

(三)巧用洗衣液

用洗衣液来拖地效果也是很好的,只需取少量洗衣液加入清水中搅拌,再用其来拖地,这不但能让拖过的地板留有清香,而且地面会比较干净。洗衣液里面一般都含有柔顺剂,它能保持地板长时间不落灰。

(四)巧用白醋

把白醋和食盐加入用来拖地的水中,能大大加强清洁力度,而且杀灭细菌和消除污渍的效果也十分好，拖完地以后，水挥发得更快。

劳动实践

擦玻璃

一、劳动实践的组织形式

学生分成小组，每组6～8人。

二、劳动实践活动准备

（1）喷壶、抹布、白醋、水、报纸等实践材料。

（2）仔细观看PPT、视频等，认真领悟活动目标、步骤、操作规范、注意事项。

三、劳动实践设计

劳动实践步骤	操作要求	参考范例	学生实践记录（完成度、效果、问题、创新等）
步骤1	先扫去窗户边框上的灰尘，把边框擦干净。 注意：一定要将边框先擦干净。		
步骤2	将白醋和水按照1∶2的比例混合放到喷壶里。 注意：按照比例调配，混合均匀。		
步骤3	将调配好的水喷到玻璃上或抹布上，反复擦拭玻璃。 注意：对于比较脏的地方，需要反复擦拭。		
步骤4	使用报纸将玻璃水渍擦干。 注意：报纸吸水性好，不要使用纸巾、毛巾等进行擦拭，容易有纸屑或掉毛。		
心得体会			

四、劳动评价

评价内容	评价细则	分值	学生自评	组间互评	教师评价
劳动习惯	准备材料仪器、工具设备	10			
	劳动纪律与安全	10			
	按照标准流程进行	20			

续表

评价内容	评价细则	分值	学生自评	组间互评	教师评价
劳动品质	团队合作、劳动意志、审美情趣	10			
	体现劳动精神、劳模精神、工匠精神	20			
劳动能力	明确目标，熟悉流程，工具使用符合规范	20			
	成品标准，成效显著	10			

任务六 传统手工艺

中国传统手工艺有着数千年悠久的历史，其中蕴含着丰富的民族文化价值、思想智慧和实践经验。传统手工艺是民间艺人数千年来勤劳和智慧的结晶，也是中国作为文明古国最亮的国际"名片"。因此，保护和传承传统手工艺是十分必要的。中国传统手工艺的保护和传承、发展和亮丽创新都要依靠新时代的劳动人民。作为新时代青年，我们应该学习传统手工艺，将其传承并发扬下去。

一、陶瓷

中国人早在公元前 8000—2000 年就发明了陶器。用陶土烧制的器皿叫陶器，用瓷土烧制的器皿叫瓷器。陶瓷则是陶器和瓷器的总称。古人称陶瓷为瓯。凡是用陶土和瓷土这两种不同性质的粘土为原料，经过配料、成型、干燥、焙烧等工艺流程制成的器物，都可以叫陶瓷（见图 6-9）。

图6-9 陶瓷器具

二、木雕

中国木雕艺术起源于新石器时期，七千多年前的浙江余姚河姆渡已有木雕品。秦汉两代木雕工艺趋于成熟。施彩木雕标志着古代木雕工艺达到相当高的水平。木雕是雕塑的一种，在我国常常被称为民间工艺。木雕可以分为立体圆雕、根雕、浮雕三大类。木雕是从木工中分离出来的一个工种，在我国的工种分类中为"精细木工"。木雕作品（见图6-10）一般选用质地细密坚韧、不易变形的树种，如楠木、紫檀、樟木、柏木、银杏、沉香、红木、龙眼等。采用自然形态的树根雕刻的艺术品则为根雕。木雕有圆雕、浮雕、镂雕或几种技法并用，有的还涂色施彩，用以保护木质和进行美化。

图6-10　木雕作品

三、刺绣

刺绣（见图6-11）是用针线在织物上绣制的各种装饰图案的总称。刺绣分丝线刺绣和羽毛刺绣两种。刺绣就是用针将丝线或其他纤维、纱线以一定图案和色彩在绣料上穿刺，以绣迹构成花纹的装饰织物。刺绣是中国民间传统手工艺之一，在中国有二三千年历史。中国刺绣主要有苏绣、湘绣、蜀绣和粤绣四大门类。刺绣的技法有错针绣、乱针绣、网绣、满地绣、锁丝、纳丝、纳锦、平金、影金、盘金、铺绒、刮绒、戳纱、洒线、挑花等。刺绣主要用于生活和艺术装饰，如服装、床上用品、台布、舞台、艺术品装饰等。

图6-11　刺绣作品

四、剪纸

剪纸（见图6-12）是主要流行于我国河北省、山西省、辽宁省、江苏省、浙江省、广东省、云南省、陕西省的传统美术。剪纸是用剪刀或刻刀在纸上剪刻花纹，用于装点生活或配合其他民俗活动的一种民间艺术。在中国，剪纸具有广泛的群众基础，它融入了各族人民的社会生活，是各种民俗活动的重要组成部分。2006年，国务院批准文化部将剪纸列入第一批国家级非物质文化遗产名录。

图6-12　剪纸

五、中国结

中国结（见图6-13）是一种中国特有的手工编织工艺品，它所显示的精致与智慧正是中华古老文明的一个缩影。它原本是旧石器时代的缝衣打结，后发展为汉朝的礼仪，再演变成今日的装饰手艺。周朝人随身的玉佩常以中国结为装饰，而战国时代的铜器上也有中国结的图案，至清朝，中国结才真正成为盛传于民间的艺术品。现代人多用中国结来装饰居所。因为其外观对称精致，可以代表中国悠久的历史，符合中国传统装饰的习俗和审美观念，故命名为中国结。中国结中有双钱结、纽扣结、琵琶结、团锦结、十字结、吉祥结、万字结、盘长结、藻井结、双联结、锦囊结等多种结式。

图6-13　中国结

六、盘扣

盘扣也称盘纽（见图6-14），或者纽结、纽绊，是传统服装中使用的一种纽扣，用来固定衣襟或作装饰。盘花扣是古老中国结的一种。

盘扣由我国古代劳动人民发明，从现存的古代文物看，盘扣既有用于女服的，也有用于男服的。我国古代用盘扣来束缚宽松的衣服，用布条盘织成各种花样，称为盘花。盘花的设计具有浓郁的民族情趣和吉祥意义。盘扣随着中国服饰的演化而改变，它不仅仅有连接衣襟的功能，更是装饰服装的点睛之笔，能生动地表现服饰重意蕴、重内涵、重主题的装饰趣味。

图6-14 盘扣

盘扣的花式种类丰富，有模仿动植物的菊花盘扣、梅花扣、金鱼扣，有盘结成文字的吉字扣、寿字扣、喜字扣等，还有几何图形的，如一字扣、波浪扣、三角形扣等。盘花分散在两边，有对称的，也有不对称的（见图6-15）。

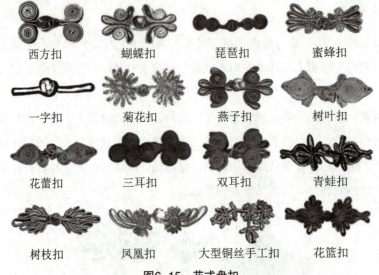

图6-15 花式盘扣

（一）直盘扣

直盘扣又称直扣、一字扣。它是最简单的盘扣。用一根袢条编结成球状的扣坨，另一根对折成扣带。扣坨和扣带缝在衣襟两侧并相对。

（二）花型扣

最常见的是琵琶扣，因扣两边形似琵琶而得名。此外还有四方扣、凤凰扣、花篮扣、树枝扣、花蕾扣、双耳口、树叶扣、菊花扣、蝴蝶扣、蜜蜂扣等。

(三) 花扣

花扣是纯装饰性的扣子，没有相对的扣带和固定功能。根据结构不同，可分为实心（中心部位被袢条充满）和空心（中空或用其他布料包棉花嵌在里面）两类。

劳动实践

盘扣制作

一、劳动实践的组织形式

学生分成小组，每组 6～8 人。

二、劳动实践活动准备

（1）盘扣线条、剪刀等实践材料。

（2）仔细观看 PPT、视频等，认真领悟活动目标、步骤、操作规范、注意事项。

三、劳动实践设计

劳动实践步骤	操作要求	参考范例	学生实践记录(完成度、效果、问题、创新等)
步骤1	先把线的中间绕一圈，形成参考范例中标注的 a、b 端。 注意：分清 a、b 端，弄清绳子的走向。		
步骤2	把 a、b 两端翻过来。 注意：分清 a、b 端。		
步骤3	把 b 端穿在 a 端的后面。 注意：a、b 一前一后，不能颠倒。		
步骤4	将 b 端从中间穿过去，如参考范例所示。 注意：绳子的走向不能错。		

续表

劳动实践步骤	操作要求	参考范例	学生实践记录（完成度、效果、问题、创新等）
步骤5	重复刚才的步骤，a、b端就成了参考范例中的样子了。 注意：线松紧一致，如果是扁状线，注意不要发生扭曲。		
步骤6	一手拿住a端，一手拿住b端，拉紧，一个简单的单线纽扣结就做好了。 注意：拉动a、b两端时，掌握好力度，循序渐进，使两端松紧一致。		
心得体会			

四、劳动评价

评价内容	评价细则	分值	学生自评	组间互评	教师评价
劳动习惯	准备材料仪器、工具设备	10			
	劳动纪律与安全	10			
	按照标准流程进行	20			
劳动品质	团队合作、劳动意志、审美情趣	10			
	体现劳动精神、劳模精神、工匠精神	20			
劳动能力	明确目标，熟悉流程，工具使用符合规范	20			
	成品标准，成效显著	10			

第七章
社会劳动

学习目标

知识目标

1. 了解建设文化校园的意义，掌握建设寝室文化、班级文化的方法。
2. 了解绿色环保的重要性，形成绿色生活方式，践行低碳生活理念。
3. 了解垃圾分类的意义，掌握垃圾分类的方法。
4. 了解公益活动，积极参与共建无烟校园活动。
5. 了解志愿服务的意义以及志愿者的权利和义务，培养无私奉献精神。
6. 了解勤工俭学的定义、对象、途径以及勤工俭学应注意的问题。

素质目标

1. 树立热爱校园、热爱环境、热心公共事业的社会责任感和担当意识。
2. 提升回馈社会、服务社会的能力，能在社会实践中自觉践行和发扬无私奉献精神。

任务一　文化校园

一、校园文化

校园文化是以学生为主体，以校园为主要空间，以精神文化建设、环境文化建设、行为文化建设和制度文化建设等为主要内容，以校园精神、文明为主要特征的一种群体文化。它主要包括：以青年学生为代表的文化观念以及有所规范的学生特有的思维特征、行为特征和方式；学生课余生活中一切以群体形式出现的文化活动，如诗社、书社、文学社等社团活动。其中最能体现校园文化本质内容的是校园风气或校园精神。校园文化是社会整体文化的一部分。

校园文化在学校中应该发挥重要的作用，校园文化是与时俱进的，也是能够保持永恒魅力的，它能够唤醒青年一代的责任意识，能够激发青年学生的激情，能够唤醒青年一代高尚的、独立的人格追求和道德追求。其中，校园文化宣传展牌（见图7-1）是校园文化的重要呈现。精美的宣传展牌是校园里的一道风景，将校园打造得更具文化特色性和观赏性。。

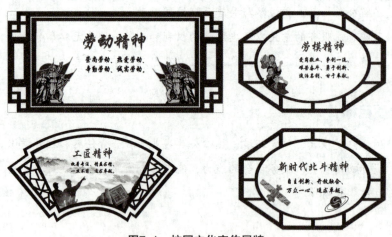

图7-1　校园文化宣传展牌

二、寝室文化

（一）寝室文化基本要求

寝室是学生学习、生活、休息的重要场所，寝室文明环境建设直接体现了学生的精神面貌和个人素质,直接关系到学生的身心健康。学生应将维护整洁文明的寝室环境内化为自觉追求,外化为自觉行动,达到以下要求。

1. "六净""六无""六整齐"

文明寝室的环境总体应达到"六净""六无""六整齐"的目标。

"六净"指的是地面干净、墙面干净、门窗干净、玻璃干净、桌椅橱干净、其他物品整洁干净。

"六无"指的是无杂物、无烟蒂、无乱挂现象、无蛛网、无酒瓶、无异味。

"六整齐"指的是桌椅摆放整齐,被褥折叠整齐,毛巾挂放整齐,书籍叠放整齐,鞋子摆放整齐,用具置放整齐。

2. "六个一""六个不"

每天应自觉做到"六个一",自觉遵守"六个不",维护寝室良好的生活环境。

"六个一"指的是叠一叠被子、扫一扫地面、擦一擦台面、整一整柜子、理一理书架、倒一倒垃圾。

"六个不"指的是异性寝室不进出,外人来访不留宿,危险物品不能留,违规电器不使用,公共设施不损坏,果皮纸屑不乱扔。

3. 杜绝不文明行为

要做到不在寝室楼内抽烟、不在寝室门口堆放垃圾等。

特色寝室宣扬的是一种文化,是一种相互影响、彼此照应、和谐共进的良好氛围,对学生的文化修养、综合素质等各方面的提高有着很大的促进作用。

(二) 特色寝室建设

要建设特色寝室,首先要考虑寝室大部分人的个性、喜好、价值观等,然后以此为方向营造别具一格的特色文化。如果寝室大多数人都喜欢学习,便可以考虑建设学习型寝室;如果寝室大多数人都喜欢运动,便可以考虑建设运动型寝室;如果寝室大多数人都对环保有一定兴趣,便可以考虑建设环保型寝室。与此类似的还有创业型寝室、自强型寝室、友爱型寝室、音乐型寝室等。

1. 特色寝室的标准

(1) 全体寝室成员共同参与特色寝室建设,共同商议并确定特色建设方向。

(2) 按照主题特色布置寝室,呈现出的效果要符合指定特色,能够传递寝室文化,同时布置简单、大方、美观,别具匠心,新颖独特,让人眼前一亮。

(3) 有与寝室文化对应的"行为习惯养成计划""寝室团建活动安排"等。

2. 寝室美化设计的原则

（1）简单、大方：寝室通常面积不大，没有必要摆放过多装饰品，否则会显得杂乱。

（2）温馨、舒适：寝室是放松休息的地方，在美化时要考虑烘托一种温馨、舒适的氛围，让寝室充满家的温暖气息。

（3）营造学习氛围：寝室除了是放松休息的地方，也是学习的场所，在美化时，要从色彩、风格上考虑这个因素，营造一个安静、适宜学习的空间。

3. 寝室美化创意要点

（1）彰显寝室文化：每个寝室都有不同的文化，在美化时要充分考虑自己的寝室文化，做出别出心裁的美化设计。

（2）用材节约，变废为宝：低碳、绿色是当下流行的概念，也是学生应当践行的生活方式。在美化寝室时，可充分利用易拉罐、雪糕棍、牛奶盒、饮料瓶、废纸箱等被忽略的物品，将它们做成各种实用的生活用品，不仅创意十足，更能向周围的人传达一种绿色的生活态度。

三、班级文化

班级文化是班级成员共有的信念、价值观、态度的复合体。班级文化既包括硬文化，又包括软文化。硬文化是一种显性文化，是可以看得见、摸得着的环境文化，也就是物质文化，比如教室墙壁上的名言警句、英雄人物或名人的画像；摆成小组形式的桌椅；展示学生爱国情怀、文明言行、志向抱负等的作品墙；教室的班徽、班训、班风等醒目图案和标语等。而软文化则是一种隐性文化，包括制度文化、观念文化和行为文化。制度文化包括各种班级规约，构成一个制度化的文化环境；观念文化则是关于班级、学生、社会、人生、世界、价值的种种观念，这些观念在班级的各个角落得到彰显，潜移默化地影响着学生；从制度和观念等衍生出来，从学生身上表现出来的言谈举止和精神面貌，则是行为文化。

1. 注重教室的卫生

干净的教室不是打扫出来的，而是保持出来的。平时看到地上有纸屑，学生就要主动捡起来，课桌椅摆放整齐，小黑板、扫帚、水桶摆放整齐，让每个学生都感受到主人翁的责任感——"教室就是我的家"。教室的卫生是班级文化环境的基础，有了这个"地基"，我们就可以"添砖加瓦"了。

2. 重视教室的布置

两侧的墙壁可以贴一些字画等（由学生选出）；可以将教室某一角落，设置为自然角、科技角、书法角等；后面的黑板报应经常更换，由学生自己排版、策划；教室前面黑板的上方可以挑选一句激励学生的名人名言，作为整个班级的座右铭。教室的布置不能乱，应使各个部分都和谐统一起来。最好的办法是先确立班级的主题，如果要布置一个热爱自然的班级，我们就可以以四季的变化来布置，从而激发学生探索大自然奥秘的兴趣；如果要布置一个充满书香气息的班级，就应该备有书橱，在里面摆放学生爱读的各类书籍等。

3．班旗、班歌、班徽的设计

班旗、班歌、班徽是班级的形象标识，是班级软文化建设的起始点，在设计班旗、班歌、班徽时，全班师生人人参与。班旗、班歌、班徽作为班级和班级特色的标志，有助于学生对班级产生认同感和自豪感；更为重要的是，这些设计活动有助于挖掘学生的创造力、合作力，增强班级的凝聚力，增进学生间的了解和信任。

4．班风建设

班风建设是整个班级文化建设的核心部分。它包括班级风格和班级风气，是班级对外的形象。学生是班级文化建设的主体，在班级软文化的建设中，学生与学生之间的合作有利于激发他们的团结协作意识和责任意识。

5．制度文化建设

班级规章、制度、公约和纪律等，在经过全体成员集体表决的基础上，认真组织实施，在班级制度的各项条文中，突出精神风貌、价值观念、作风态度等具有文化气息的条款，赋予制度以灵魂，共同发挥规章制度的强制作用和激励作用，使班级形成"事事有人做，人人有事做，时时有事做，事事有时做"的良好局面。

劳动实践

班徽设计

一、劳动实践目标

（1）完成班徽设计，表达自己对班级的热爱和美好祝愿。

（2）学生动手实践，动脑形成创意，小组成员交流合作。

（3）阐述班徽图案的意义。

二、劳动实践的组织形式

学生分成小组，每组6～8人。

三、劳动实践活动准备

8K白纸、水彩笔、彩色卡纸等。

四、劳动实践活动设计

劳动实践步骤	操作要求	参考范例	学生实践记录（完成度、效果、问题、创新等）
步骤1	各小组学生浏览学校主页，认识校园文化元素，依托校园文化背景，构思班徽。 注意：理解各个元素的含义和它们之间的关联性。		
步骤2	组内同学进行头脑风暴，阐述不同的创意，确定色彩、图案、字体、字号等。 注意：认真倾听他人意见，进行思考。	头脑风暴会议使用没有拘束的规则，参与者能够更自由地思考，进入思想的新区域，从而产生大量新观点和问题解决方法。当参加者有了新观点和想法时，可大声说出来，然后在他人提出的观点之上建立新观点，所有的观点被记录下来但不进行批评。只有头脑风暴会议结束的时候，才对这些观点和想法进行评估。	
步骤3	进行组内讨论，最终形成统一的班徽草图。 注意：借助批判性思维，提出不一样的见解。		
步骤4	小组成员按照草图，动手绘制班徽。注意：小组内人人都要参与。		
步骤5	各组将作品张贴在本组白板上，确定作品介绍人，按顺序介绍作品的创作理念、各个元素的含义。 注意：运用合适的表达方式、表达技巧，注意演讲礼仪。		
步骤6	全班同学互相交流、提问、质疑、解答，各组投票打分，选出优秀作品。注意：这一步骤要客观、公正。		
步骤7	全体同学对最优班徽进行补充、修改，形成定稿。 注意：精心制作，匠心打造。		
心得体会			

五、劳动评价

评价内容	评价细则	分值	学生自评	组间互评	教师评价
劳动习惯	准备材料仪器、工具设备	10			
	劳动纪律与安全	10			
	按照标准流程进行	20			
劳动品质	团队合作、劳动意志、审美情趣	10			
	体现劳动精神、劳模精神、工匠精神	20			
劳动能力	明确目标，熟悉流程，工具使用符合规范	20			
	成品标准，成效显著	10			

任务二　绿色环保

生态文明建设是新时代中国特色社会主义建设的一个重要方面。中华民族历来注重人与自然和谐发展，中华文明积累了丰富的生态文明思想。新发展阶段对生态文明建设提出了更高的要求，我们必须下大气力推动绿色发展，努力引领世界发展潮流。我们要清醒地认识到保护生态环境的紧迫性和艰巨性，清醒地认识到加强生态文明建设的重要性和必要性，做好绿色环保行动。

"绿水青山就是金山银山，"习近平总书记曾指出，"我们既要绿水青山，也要金山银山。宁要绿水青山，不要金山银山，而且绿水青山就是金山银山。"这个论断深刻地体现了党和国家把保护生态环境放在首位的鲜明态度和坚定决心。

牢固树立绿水青山就是金山银山理念，坚定不移地走生态优先、绿色发展之路，增加森林面积、提高森林质量，提升生态系统碳汇增量，为实现我国碳达峰、碳中和目标，维护全球生态安全做出更大贡献。地球是人类唯一的家园，在茫茫的宇宙中，除了地球之外，目前尚未发现其他适合人类生存的星球。在这个家园里，除了人之外，还有各种各样人类所赖以生存的生命和物质，花草树木、虫鱼鸟兽、空气等与人类一起构成了这个和谐的地球。如果这样的支持系统遭到破坏，不只是动植物的生存环境会受到破坏，我们人类也会受到不同程度的影响。所以，只有保护环境，保护我们赖以生存的地球，才能保护我们人类。

保护环境，人人有责。让中华大地天更蓝、山更绿、水更清、环境更优美，需要动员全社会的力量推进生态文明建设，需要我们把保护环境化为自觉行动。

一、形成绿色价值取向

什么是绿色价值取向？习近平总书记关于绿水青山与金山银山关系的三个言简意赅的重要论断，对此做了生动阐释和系统说明。

"绿水青山就是金山银山"，强调优美的生态环境就是生产力，就是社会财富，凸显了生态环境在经济社会发展中的重要价值。"既要绿水青山，也要金山银山"，强调生态环境和经济社会发展相辅相成、不可偏废，要把生态优美和经济增长"双赢"作为科学发展的重要价值标准。"宁要绿水青山，不要金山银山"，强调绿水青山是比金山银山更基础、更宝贵的财富，当生态环境保护与经济社会发展产生冲突时，必须把保护生态环境作为优先选择。

坚持绿色发展，需要我们形成绿色价值取向，正确处理经济发展同生态环境保护的关系，牢固树立保护生态环境就是保护生产力、改善生态环境就是发展生产力的理念，更加自觉地推动绿色发展、低碳发展、循环发展，决不以牺牲生态环境为代价换取一时的经济增长。

二、形成绿色生活方式

绿色生活方式与每个人的生活息息相关，体现了人们对绿色发展理念的认同感、践行力。绿色生活方式对绿色发展和生态文明的最终实现具有基础意义、关键作用。

保护环境，人人有责；绿色发展，人人应为。这个"应为"，就是倡导和践行勤俭节约、绿色低碳、文明健康的生活方式与消费模式。

推动形成绿色生活方式，需要我们坚持节约优先，强化节约意识，在衣、食、住、行、游等方面形成节约的行动自觉；倡导环境友好型消费，推广绿色服装，提倡绿色饮食，鼓励绿色居住，普及绿色出行，发展绿色旅游，抵制和反对各种形式的奢侈浪费或不合理消费。促进生活方式绿色化，时时可做、处处可为。大到购买节能或新能源汽车、高能效家电、节水型器具等节能环保产品，小到减少塑料购物袋、餐盒等一次性用品的使用，乃至随手关灯、关紧水龙头，都是在践行绿色生活方式和消费理念，都是在为绿色发展做贡献。

绿色发展是理念，更是实践；需要坐而谋，更需起而行。只要我们坚持知行合一，从我做起，步步为营、久久为功，就一定能换来蓝天常在、青山常在、绿水常在，就一定能开创社会主义生态文明新时代，赢得中华民族永续发展的美好未来。

◆ 内容拓展 ◆

如何做环保行动派？

1. 节约用水篇

（1）用盆和桶接水来洗东西比直接用水冲洗更省水。

（2）淘米水可用来洗菜或洗碗，洗完菜的淘米水可用于浇花，残余茶水可用来擦家具。

（3）菜要先择后洗，能够避免浪费水。

（4）少使用清洁精，尽量用盐水浸泡冲洗瓜果蔬菜。

（5）将老式旋转式水龙头换为节水龙头。

（6）洗衣机漂洗的水可作为下一批衣服的洗涤用水，最后一次洗涤衣服的水可用来拖地、洗拖把或冲厕所。

（7）集中洗涤衣物，少量小件衣物可手洗；使用适量无磷低泡洗衣粉，可减少漂洗次数及降低对水质的污染程度。

2. 绿色节电篇

（1）空调：①根据居住空间实际需要选择空调功率；②夏季使用空调时，温度设置在26摄氏度以上。

（2）照明：①使用节能灯(和普通白炽灯相比，节能灯耗电及热辐射减少80%，使用寿命延长8倍)；②随手关灯；③充分利用天然采光，减少室内光源能耗；④尽可能使用可调光。

（3）热水器：①燃气热水器比电热水器更节能环保；②不使用时，关闭热水器开关；③如条件允许，尽可能采用太阳能热水器。

（4）使用每个插孔有独立开关的节能型插线板，以控制待机能耗，确保用电安全。

（5）电脑、电视不用时及时关机，不待机。

3. 绿色消费篇

（1）选用绿色食品或有机食品。

（2）买菜和购物时用环保袋或菜篮子，不使用或少使用一次性塑料袋。

（3）购买家电时，选用节能环保的产品。

（4）装修房屋时，选用环保建材。

（5）选择低排放、省油、节能的汽车。

（6）不使用一次性筷子、餐盒、塑料袋等。

（7）选用无磷洗衣粉、洗涤剂。

（8）不吃野味。

（9）不购买豪华包装的产品。

（10）在饭店吃饭时不奢侈浪费，践行"光盘行动"。

（11）酌情购买二手或者翻新的物品。

（12）购买可循环利用的产品。

（13）少买不必要的衣物。

4. 绿色出行篇

（1）出行时多乘坐公交和地铁等公共交通工具。

（2）多骑自行车，节能又方便。

（3）路程不远时步行，健康又环保。

（4）养成文明驾车的好习惯，合理保养汽车。

（5）积极响应"每月少开一天车"的环保公益活动。

三、低碳校园生活

工业革命以来，人类经济发展的相关活动及在日常生活中排放的二氧化碳，大大超出了地球对二氧化碳的自然负荷能力。这导致全球气候发生显著变化，对全球自然生态系统产生了严重的负面影响。于是，人类开始反思自己的行为，"低碳"概念应运而生。

所谓"低碳"，就是倡导人们在生产、生活中，尽量减少二氧化碳排放，以减缓全球变暖的趋势。低碳生活则是人们为减少二氧化碳排放，主动、自发养成的一种新型生活方式。在减少二氧化碳排放的过程中，个人的努力具有"聚沙成塔"的意义。

作为中职生，我们应如何为节能减排做出自己的贡献呢？

首先，要树立绿色低碳意识，认识到节能减排的紧迫感和使命感，牢固树立绿色低碳理念，人人争做绿色低碳标兵，处处体现绿色低碳文化，时时参与绿色低碳行动。

其次，要养成绿色低碳习惯，从小事做起，节约用电、节约用水、节约用纸、节约粮食，爱护树木、不践踏草坪，讲究卫生、不乱丢杂物，绿色出行、少乘机动车，不用一次性用品，少用塑料袋，进行废旧物品再利用及废电池单独分类处理，等等。

最后，要主动宣传绿色低碳生活方式，散播绿色低碳的"种子"，带动周围的人形成绿色低碳的生活方式，以实际行动参与低碳校园的建设。

◆ 知识链接 ◆

怎样种树？

首先要选对地方，比如在有地下光缆、电缆和其他设施的地方，就不能栽树，至少不能栽高大的树，否则这些树长大以后就会破坏这些设施。种树前得征得土地拥有者的同意，志愿者自发种树虽然是好心，但是也容易引发纠纷。在城市中种树是很有必要的，树木对于保持城市生态平衡具有不可替代的作用。

如何种树，保证植株成活呢？一般来说，有以下几个步骤。

（1）挖一个与树的根球大小相近的坑。如果坑周围的土很硬，坑应该更大一些。

（2）把缚在树上的草绳解开，因为树根就像人的血管一样，只有展开后才能更好地生长。将草绳扔至坑底，草绳将来烂了以后，是树苗的优良肥料。

（3）将树放入坑中，扶正，确保树干深入土中的深度合适。

（4）加土，并在加了一半土以后，把树苗向上微提一下，这样能保证树的根全部朝下。还要不断把土踩实，不要让土中留有空气，这样才能保证树苗将来能扎根。

（5）在树干周围适当多加一些土，否则一浇水就会形成一个大坑。此外，围着树用土培成一个圆形土坝，便于浇水时水能蓄住。

（6）如果有条件，最好在树周围（离树干有一定距离）铺上一层树叶或草之类的覆盖物，这样可以减少水分蒸发，防止杂草生长。

（7）给树充分浇水，这是至关重要的一步，因为树从苗圃移出来以后很多毛根会受伤，对水分的吸收能力变弱。充足的水分才能保证树苗能成活。

另外，还有一点必须注意，刮大风时不宜种树，因为苗木的根遇到大风会被吹干，容易造成死苗。应该选择在阴天无风或小雨的情况下种树。

种树最重要的一点便是，必须讲成活率，不能"年年栽树不见树，年年栽树老地方"。因此后期护理是关键：植树后要坚持浇水，有条件的可施些农家肥，确保树苗成活；确定专人护树；对盗拔或有意破坏树木的人要给予处罚，同时要加强对牲畜的管理，防止牲畜啃食树木。

劳动实践

种树

一、劳动实践目标

认识到绿化的重要性,知道种树的步骤,能够参与种树活动,并能保证成活率。

二、劳动实践的组织形式

学生分成小组,每组6～8人。

三、劳动实践活动材料

树苗、水源、铁锹、水桶等。

四、劳动实践活动设计

劳动实践步骤	操作要求	参考范例	学生实践记录(完成度、效果、问题、创新等)
步骤1	挖一个与树的根球大小相近的坑。		
步骤2	将树放入坑中,扶正,确保树干深入土中。把草绳解开,然后将草绳扔至坑底。		
步骤3	加土,并在加了一半土以后,把树苗向上微提一下。在树干周围适当多加一些土,围着树用土培成一个圆形土坝,便于蓄水。		
步骤4	充分浇水。		
步骤5	注意后期养护,坚持浇水、施肥。		
心得体会			

五、劳动评价

评价内容	评价细则	分值	学生自评	组间互评	教师评价
劳动习惯	准备材料仪器、工具设备	10			
	劳动纪律与安全	10			
	按照标准流程进行	20			
劳动品质	团队合作、劳动意志、审美情趣	10			
	体现劳动精神、劳模精神、工匠精神	20			
劳动能力	明确目标，熟悉流程，工具使用符合规范	20			
	成品标准，成效显著	10			

任务三　垃圾分类

在当今社会，"垃圾围城"成为困扰全球许多大城市的难题，具体现象包括填埋场侵占土地、垃圾造成长期污染、垃圾焚烧厂被周边居民抵制等。要解决"垃圾围城"问题，离不开垃圾分类。

"垃圾是放错了地方的资源。"垃圾分类就是将垃圾分门别类地投放，并通过分类清运和回收使之重新变成资源。2018年，习近平总书记在上海市考察时指出，"垃圾分类工作就是新时尚"，并勉励大家把这项工作抓实办好。全民参与垃圾分类，具有以下几方面的意义。

一、减少环境污染

我国现有的垃圾处理方式包括填埋和焚烧。对垃圾进行填埋处理，即使是在远离生活区的场所并采用相应的隔离技术，也难以杜绝有害物质渗透。这些有害物质会随着地球的循环而进入整个生态圈，污染水源和土地，通过植物或动物最终影响人类的身体健康。另外，垃圾焚烧也会产生大量危害人体健康的有毒气体和灰尘。

其实，有很大一部分垃圾是不需要填埋，也不需要焚烧的。如果我们能够做好垃圾分类，就能减少垃圾的填埋量和焚烧量，从而减少环境污染。

二、节省土地资源

填埋和堆放等垃圾处理方式占用土地资源,且垃圾填埋场属于不可复场所,即填埋场不能重新作为生活小区使用。此外,生活垃圾中有些物质不易降解,填埋后将使土地受到严重污染。

据统计,垃圾分类可以使人均生活垃圾产生量减少三分之二,从而节省大量土地资源。

三、促进资源的循环利用

垃圾的产生很大程度上源于人们没有利用好资源。这种浪费资源的行为对整个生态系统造成的损失是不可估量的。通过垃圾分类,回收可利用的垃圾,就可以将垃圾变废为宝,促进资源的循环利用,从而保护我们的生态系统。

此外,垃圾分类有利于改善垃圾品质,使焚烧(或填埋)得以更好地无害化进行。例如,分类焚烧可起到减量(减少垃圾处理量)、减排(减少污染排放量)、提质(改善燃烧工况)、提效(提高发电效率)等作用。

四、提高民众的环保意识

垃圾分类是处理垃圾公害的最佳解决方法。垃圾分类能够让民众学会节约资源、利用资源,养成良好的生活习惯。一个人如果能够养成良好的垃圾分类习惯,那么他就会关注环境保护问题,养成节约资源的习惯。

五、垃圾分类标准

2019年11月15日,新版《生活垃圾分类标志》标准发布,同年12月1日起正式实施。与2008版标准相比,新标准将生活垃圾类别调整为可回收物、有害垃圾、厨余垃圾和其他垃圾四大类,其对应标志如图7-2所示。

图7-2 垃圾分类标识

新版《生活垃圾分类标志》由 4 大类、12 个小类标志组成，具体如表 7-1 所示。其中，厨余垃圾和其他垃圾又可分别称为湿垃圾和干垃圾。

表7-1　垃圾的类别构成

序号	大类	小类
1	可回收物	纸类
2		塑料
3		金属
4		玻璃
5		织物
6	有害垃圾	灯管
7		家用化学品
8		电池
9	厨余垃圾（湿垃圾）	家庭厨余垃圾
10		餐厨垃圾
11		其他厨余垃圾
12	其他垃圾（干垃圾）	食品袋、纸巾等

注：除上述四大类外，家具、家用电器等大件垃圾和装修垃圾应单独分类。

◆ 知识链接 ◆

分类后的垃圾到底去了哪里？

进行垃圾分类，关键要掌握分类原则：可回收物主要有玻璃、金属、塑料、纸类、织物等；有害垃圾非常少，主要是废电池、废灯管、废药品、废油漆及其容器；厨余垃圾主要取决于其是不是容易腐烂，是不是容易粉碎；剩余的就都是其他垃圾了。当发现有混淆模糊、不能准确判断类别的垃圾时，也可以把其归为其他垃圾。

一、可回收物及投放要求

可回收物指适宜回收和资源化利用的生活垃圾，包括纸类、塑料、金属、玻璃、织物等（见图 7-3）。

图7-3 可回收物

投放要求为：应尽量保持清洁干燥，避免污染；立体包装物应清空内容物，清洁后压扁投放；易破损或有尖锐边角的可回收物应包裹后投放。

二、有害垃圾及投放要求

有害垃圾指会对人体健康或自然环境造成直接或潜在危害的生活垃圾，包括废电池、废弃药品、废杀虫剂、废水银产品等（见图7-4），必须单独收集、运输、贮存，由环保部门认可的专业机构进行特殊安全处理。

图7-4 有害垃圾

投放要求为：投放时应注意轻放；易破碎的废弃药品应连带包装或包裹后投放；压力罐装容器应排空内容物后投放。

另外，在公共场所产生有害垃圾且未发现对应的收集容器时，应携带至有害垃圾投放点妥善投放。

三、厨余垃圾及投放要求

厨余垃圾即易腐烂垃圾、餐厨垃圾，是指餐饮垃圾及废弃食用油脂和集贸市场有机垃圾等易腐垃圾，包括废弃的食品、蔬菜、瓜果的皮和核以及家庭产生的花草、落叶等（见图7-5）。

第七章 社会劳动

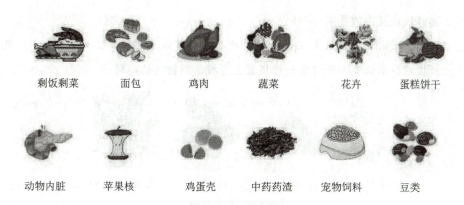

图7-5 厨余垃圾

四、其他垃圾及投放要求

其他垃圾是指除可回收物、有害垃圾、厨余垃圾外的其他生活垃圾,即现环卫体系主要收集和处理的垃圾(见图7-6)。

投放要求:投入其他垃圾收集容器,并保持周边环境卫生。

图7-6 其他垃圾

五、大件垃圾及投放要求

大件垃圾(见图7-7)是指重量超过5千克、体积超过0.2立方米或长度超过1米,且整体性较强而需要拆解后利用或处理的废弃物,包括家具、家用电器和电子产品,如沙发、床垫、床、桌子等,可以预约可回收物回收经营者或者大件垃圾收集运输单位上门回收,或者投放至管理责任人指定的场所。

废弃的大型电器产品也属于大件垃圾,如空调、电冰箱、洗衣机、电视机等,处理此类垃圾时可联系规范的电子废弃物回收企业预约回收,或按大件垃圾管理要求投放。需要注意的是,小型电器或电子产品,包括微电脑、手机、电饭煲等,可按照可回收物的投放要求进行投放。

图7-7 大件垃圾

六、装修垃圾及投放要求

装修垃圾主要指碎马桶、碎石块、碎砖块、废砂浆以及弃料等（见图7-8）。装修垃圾和生活垃圾应分别收集，并将装修垃圾装袋后投放到指定的场所。

| 碎马桶 | 碎石块 | 碎砖块 | 废砂浆以及弃料 |

图7-8　装修垃圾

劳动实践

垃圾分类宣传活动

一、劳动实践目标

（1）让同学们更加重视垃圾分类的意义。

（2）通过宣传活动，使同学们知道垃圾分类与环保切实相关，使同学们自觉保护环境。

（3）使同学们认识到垃圾分类是世界的潮流，是一场不可阻挡的洪流，这将使我们每个人得到改变，使我们生活的环境得到改变。

二、劳动实践的组织形式

学生分成小组，每组6～8人。

三、劳动实践活动材料

演讲、宣传手册、宣传海报、小游戏、知识卡片等。

四、劳动实践活动设计

劳动实践步骤	操作要求	注意事项	学生实践记录（完成度、效果、问题、创新等）
步骤1：宣传活动	校内主要宣传点设在餐厅与宿舍楼交汇处，派专门人员讲解垃圾分类的好处与不分类的危害，分发书签式纪念小传单，并且在各个寝室楼下贴出倡议传单，在人流量大的地方挂出相关的横幅，贴出宣传海报，也可以进行签名活动。	做好部门协调和沟通，避免沟通不畅，维护现场秩序。	
步骤2：主题活动	在校内各个垃圾桶上贴上标签（有关可分类与不可分类的物品名称），来提醒同学们进行垃圾分类。在校内分发环保垃圾袋或者布袋（在袋上标注垃圾分类标示）。	沟通、协调，做好前期准备和应急机制。	

续表

劳动实践步骤	操作要求	注意事项	学生实践记录（完成度、效果、问题、创新等）
步骤2：主题活动	在宣传处开展垃圾分类小游戏（主持人待定），游戏获胜者给予不同颜色（如可回收用绿色，不可回收用黄色）的环保垃圾袋或其他物质奖励（奖品待定）。也可进行知识卡片问答比赛，奖品同上。 在校广播台及相关平台进行报道。	沟通、协调，做好前期准备和应急机制。	
步骤3：结束活动	安排宣传报道人员，由校新闻中心负责。做好本次活动后期宣传报道，并公布于校新闻网。 做好此次活动的总结以及相关资料（活动照片和报道等）的留档和保存工作。 成立机动小组，谨防活动当天发生意外事件。 对活动产生的废弃物进行回收。	反思活动各个环节，深化活动意义。	
心得体会			

五、劳动评价

评价内容	评价细则	分值	学生自评	组间互评	教师评价
劳动习惯	准备材料仪器、工具设备	10			
	劳动纪律与安全	10			
	按照标准流程进行	20			
劳动品质	团队合作、劳动意志、审美情趣	10			
	体现劳动精神、劳模精神、工匠精神	20			
劳动能力	明确目标，熟悉流程，工具使用符合规范	20			
	成品标准，成效显著	10			

任务四　公益活动

公益是公共利益事业的简称，是为人民服务、不求回报的一种通俗讲法。公益活动是指一定的组织或个人向社会捐赠财物、时间、精力和知识等的活动。公益活动的内容包括社区服务、环境保护、知识传播、公共福利、社会援助、社团活动、专业服务、文化艺术活动等。

在此，我们以远离香烟的公益宣传活动为例，来体验如何开展公益活动。

大量的科学研究表明，吸烟对人体的危害十分大。世界上排名前八位的致死疾病中，有六种疾病与吸烟有关，即缺血性心脏病、脑血管病、下呼吸道感染、慢性阻塞性肺疾病、结核病和肺癌。

世界卫生组织调查显示，烟草每年使800多万人失去生命，其中有700多万人缘于直接吸食烟草，有大约100万人属于接触二手烟的非吸烟者。

一、吸烟对人体的危害具体有哪些？

1. 吸烟导致血栓，引发各种心脏病

香烟中的一氧化碳会降低血液吸收氧气的能力。尼古丁能使心跳加快，血压升高，心脏的承受能力减弱，导致心肌缺氧，引起冠状动脉梗塞，心脏局部缺血（或心狡痛）促使动脉粥样化累积，许多心脏疾病开始产生。在30—49岁，吸烟者心脏发病的概率极高，是不吸烟者的五倍。戒烟一年后，他们心脏发病的概率下降一半。

2. 吸烟对脑部的损害

吸烟会引发多种脑部疾病，例如引发脑部血管出血及闭塞，从而导致麻痹、智力衰退及中风。中风的原因是吸烟导致脑部血管痉挛，使血液比较容易凝结。吸烟者中风概率较非吸烟人士高出两倍。

3. 吸烟对口腔的损害

吸烟可导致口腔癌和喉癌。香烟中的焦油及烟雾的热量会使唾液腺发炎，味蕾受损，嗅觉能力大大减弱。其中，烟气可使咽喉中的温度从37°C上升到42°C，引起咽喉内的黏膜微度烧伤，并产生慢性热创伤，最终会导致喉癌。

4. 吸烟对肺部的损害

吸烟能引发支气管上皮细胞的纤毛变短，变得不规则，降低局部性抵抗力，肺部容易受到感染。吸烟会引发肺癌。吸烟亦会引发肺气肿，肺部支气管内积聚的有毒物质，会阻碍人体吸入的空气正常呼出，令肺部细胞膨胀或爆裂，导致患者呼吸困难。

5. 吸烟对胃部的损害

对患有肠胃疾病的人而言，吸烟足以使肠胃疾病恶化。患有胃溃疡或十二指肠溃疡者，溃疡处的愈合会减慢，甚至演变为慢性病。吸烟能刺激神经系统，加速唾液及胃液的分泌，使肠胃时常处于紧张状态，导致吸烟者食欲不振。另外，尼古丁会使胃肠黏膜的血管收缩，也会令食欲减退。

6. 吸烟对全身骨骼的损害

尼古丁使血管收缩，减少了流到新生骨骼的血量。人吸烟时吸入的一氧化碳，亦会同时减少进入身体的氧气比率。吸烟会引发背痛，有严重背痛的人大部分都有很大的烟瘾，这是由于吸烟会导致流向关节盘的血液减少，关节盘因而提早退化。吸烟会引发关节炎。每天吸食一包烟，将提高50%的患病率。吸烟导致骨质流失更快。吸烟会干扰雌激素，而雌激素在骨骼发展中发挥着重要作用。

7．吸烟对肝脏的损害

吸烟会加重肝脏负担。经常抽烟会影响肝脏的脂肪代谢能力，令血中脂肪含量增加，使良性胆固醇减少，恶性胆固醇增加。这会影响到肝脏的解毒功能。

8．吸烟对肠的损害

吸烟可能会导致结肠癌。吸烟者患此癌的概率与吸食烟草的分量成正比。研究显示，吸烟者停止吸烟虽然可以减少其他疾病例如心脏病、肺癌等的发病率，但患结肠癌的风险仍然非常大。

9．二手烟的危害

人抽烟时吐出的烟雾含有超过四千种气体和粒子物质，其中大部分都是很强烈的刺激物，其中至少有四十种在人类或动物身上可引发疾病。在吸烟者停止吸烟后，这些粒子仍能停留在空气中数小时，可被其他非吸烟人士吸进体内，亦可能和氡气的衰变产物混合在一起，对人体健康造成更大的伤害，在吸烟危害吸烟者本身健康的同时，二手烟也影响非吸烟者。除了刺激眼、鼻和咽喉外，二手烟也会明显地增加非吸烟者患上肺癌和心脏疾病的概率。如果儿童与一些吸烟人士同住的话，他们的呼吸系统会较容易受到感染。

二、预防香烟的危害，共建无烟校园

（1）为了自己和他人的生命健康，也为了保护环境，我们应该约束自己，做到不抽烟。

（2）多了解有关吸烟危害的知识，增强自制力，自觉抵制诱惑。

（3）养成良好的习惯，早睡早起不熬夜，保持身体健康。

（4）谨慎交友，远离那些有不良嗜好的朋友，选择一个良好的朋友圈。

（5）积极参加控烟宣传活动，增强控烟意识。

◆知识拓展◆

世界无烟日

1987年11月，世界卫生组织在日本东京举行的第六届吸烟与健康国际会议建议把每年的4月7日定为世界无烟日(World No Tobacco Day)，并从1988年开始执行，但从1989年开始，世界无烟日改为每年的5月31日（见图7-9），因为第二天是国际儿童节，希望下一代免受烟草危害。烟草依赖是一种慢性疾病，烟草危害是世界最严重的公共卫生问题之一，吸烟和二手烟问题严重危害人类健康。

图7-9　世界无烟日宣传画

2015年5月31日是世界卫生组织发起的第28个世界无烟日，这次世界无烟日的主题是"制止烟草制品非法贸易"。我国作为世界上最大的烟草受害国，在实现人类无烟愿景的行动和成效上与其他一些国家存在显著差距，其根本原因在于国民对尼古丁是种毒品、尼古丁具有成瘾性、卷烟中含尼古丁、吸烟没有好处的事实真相缺乏深刻系统的认识。

在公安部公布的《剧毒物品品名表》中，尼古丁（烟碱）亦属于A级有机剧毒物，编号为A2045。实现世界无烟，无疑需要人类对吸烟无好处、烟草是毒品这个事实达成共识。

◆劳动实践◆

制作无烟校园宣传海报

一、劳动实践目标

（1）使同学们了解香烟的危害，能够自觉远离香烟。

（2）通过亲手制作宣传海报，使同学们知道每个人都有建设无烟校园的责任和义务。

（3）使学生知道建设无烟校园是关爱自己、关爱他人的表现。

二、劳动实践的组织形式

学生分成小组，每组6～8人。

三、劳动实践活动材料

马克笔、剪刀、胶水、彩色卡纸、8K白纸等。

四、劳动实践活动设计

劳动实践步骤	操作要求	参考范例	学生实践记录（完成度、效果、问题、创新等）
步骤1	小组成员对宣传海报的各个元素（主题、题目、宣传语、图案、色彩等）进行讨论。 注意：主题符合要求，海报元素齐全。		
步骤2	各小组确定海报的主题、题目、基本元素和材料。		
步骤3	对海报版式、布局进行设计。		
步骤4	各组制作海报，突出主题，有特色。 注意：意识形态端正。		
步骤5	各组进行讨论，选出最佳海报。		
心得体会			

五、劳动评价

评价内容	评价细则	分值	学生自评	组间互评	教师评价
劳动习惯	准备材料仪器、工具设备	10			
	劳动纪律与安全	10			
	按照标准流程进行	20			

续表

评价内容	评价细则	分值	学生自评	组间互评	教师评价
劳动品质	团队合作、劳动意志、审美情趣	10			
	体现劳动精神、劳模精神、工匠精神	20			
劳动能力	明确目标，熟悉流程，工具使用符合规范	20			
	成品标准，成效显著	10			

任务五　志愿服务

赠人玫瑰，手有余香。参与志愿服务既是助人，亦是自助；既能悦人，也能悦己；既是在帮助他人、服务群众、贡献社会，也是在传递爱心、宣扬文化、传播文明，对于促进社会的进步与稳定具有重大意义。

参与志愿服务不是单方面的施与，也不是只有拥有大量空闲时间并有一定物质基础的人才能参与，它是每个人都可以参与的一种公益活动，我们要对参与志愿服务工作有一个全面而正确的认识。

一、志愿服务的内涵

2017年10月18日，习近平同志在党的十九大报告中提出，要推进诚信建设和志愿服务制度化，强化社会责任意识、规则意识、奉献意识。2017年12月1日，国务院颁布的《志愿服务条例》正式实施，这是我国第一部关于志愿者服务的专门性法规。该条例明确指出，志愿服务是指志愿者、志愿服务组织和其他组织自愿、无偿向社会或者他人提供的公益服务。志愿服务主要包含以下三个方面的含义。

（一）志愿服务是一种由内在的精神动力所支撑的活动

在社会上，有这样一群人，他们有的无怨无悔地牺牲自己的休息时间，到社区帮扶别人；有的放弃城市里的优越生活，远赴西部大山深处教书育人；有的不收分文，主动到大型社会活动场所维护活动秩序。他们有一个共同的称谓——志愿者！

志愿服务并不是一种简单的服务工作，它是志愿者在志愿精神的感召下，主动地、自觉自发地开展的社会服务工作。按照联合国志愿组织对志愿者精神的理解，可以对志愿精神进行如下解读：志愿精神是一种在自愿的、不计报酬或收入的条件下参与推动人类发展、促进社会进步和完善社区工作的精神，是公众参与社会生活的一种重要方式，是个人对生命价值、社会、人类和人生观的一种积极态度。

无私奉献的志愿精神是志愿服务的精神内核。正是在这种强大的内在精神动力的支撑下，志愿者们自愿贡献个人的时间、精力等，在不谋求任何物质报酬的情况下，从事社会公益与社会服务事业，把关怀带给社会，传递爱心，传播文明，给社会以温暖。

（二）志愿服务是一种非营利性的活动

志愿服务不是一种用以谋生或营利的活动，而是个体出于奉献社会的意愿而开展的社会服务，是一种非营利性的活动。

虽然志愿服务不追求经济报酬，但并不意味着组织的运转不需要资金方面的支持。事实上，现代自愿服务组织和机构要维持运转和实现发展，离不开充足的经费支撑。但志愿服务组织和机构不能违背志愿精神的本质，不能以营利为目的，更不能向自己的服务对象索要经济方面的回报。

（三）志愿服务是一种有组织的社会公益服务

志愿服务不仅仅是一种做好事和助人为乐的简单活动，而是一种系统的、有组织的自愿开展的社会公益服务。它作为社会建设和社会管理的重要组成部分，补齐了政府市场和个人力量的短板，起到了加强国家和个人之间联系的作用。

12.志愿服务

总的来说，志愿服务就是由内在志愿精神所支撑的，由自愿自觉的内部动机所指引的，利用个体知识、技能、体能或财富服务社会，不计较报酬、奖励的一种非营利性、公益性活动。

◆ 拓展阅读 ◆

北京冬奥会和冬残奥会志愿服务工作设立5个项目

一、前期志愿者项目

由北京2022年冬奥会和冬残奥会组织委员会（简称北京冬奥组委）委托相关志愿者组织，面向社会招募和培养志愿者，参与前期筹办工作。前期志愿者可驻会服务，也可不驻会服务。驻会服务志愿者一般应为北京冬奥组委提供不少于6个月时间的志愿服务，每周服务时间应不少于2天，在服务期间担任北京冬奥组委相关业务领域工作助理，部分优秀志愿者可保留至赛时，转换为赛会志愿者。

二、测试赛志愿者项目

根据"相约北京"系列冬季体育赛事组织运行需要，面向社会公开招募直接参与测试赛服务保障工作的志愿者。测试赛志愿者一般应为相关单项赛事、相关场馆提供满足办赛需要的一定时间的志愿服务，在赛前接受系统化的场馆和岗位知识培训，在赛时期间按照排班表上岗服务。测试赛志愿者会被最大限度地保留至北京冬奥会和冬残奥会正式比赛赛时，并转换为赛会志愿者。

三、赛会志愿者项目

根据赛时运行需要，北京冬奥组委面向全球公开招募直接参与冬奥会和冬残奥会赛时运行保障工作的志愿者，其可正式注册成为赛会志愿者。赛会志愿者一般应为北京冬奥会或冬残奥会的相关竞赛、非竞赛场馆提供满足办赛需要的一定时间的志愿服务，在赛前接受系统化的通用知识培训、专业技能培训、场馆和岗位知识培训，在赛时按排班表在指定的时间、场所和岗位提供服务。鼓励赛会志愿者同时为冬奥会和冬残奥会服务。按照国际惯例，北京冬奥组委会设置赛会志愿者服务岗位，一般分为通用型志愿服务岗位和专业型志愿服务岗位，并细化所有岗位清单。赛会志愿者招募工作在赛前两年启动。

四、城市志愿者项目

根据赛时城市运行需要，北京冬奥组委联系相关单位及志愿者组织，招募和培养城市志愿者，参与城市运行保障工作。城市志愿者应为主办城市提供一定时间的志愿服务，上岗前需接受冬奥会和冬残奥会通用知识、文明礼仪知识及相关地理信息等培训，上岗后在指定地点提供信息咨询、文明引导、文化推介、应急救助、平安建设等服务。

五、志愿服务遗产转化项目

着眼于促进冬奥会和冬残奥会可持续发展，积累并转化志愿服务工作的人文知识遗产、人才遗产。

六、北京冬奥会和冬残奥会赛会志愿者招募基本规则

北京冬奥组委是唯一合法的北京冬奥会和冬残奥会赛会志愿者招募机构。经北京冬奥组委授权或委托，相关拥有法人资格的境内外组织或机构可开展赛会志愿者招募工作。

在赛会志愿者项目启动时，发布不同类别赛会志愿者的招募条件、程序、选拔方式等相关具体规则。

采取团体报名与个人报名相结合、公开招募与定向招募相结合、网络申请与书面申请相结合等方式招募赛会志愿者。

接受来自不同国家和地区志愿者申请人的报名，并依托赛会志愿者全球招募网络平台接受报名申请。

采取适当方式,对赛会志愿者申请人开展测试选拔、背景核实,择优录用志愿者,并根据办赛需要,进行岗位分配。

北京冬奥会和冬残奥会志愿服务工作包含以下6个运行计划。

(1)宣传动员计划。加强新闻宣传,策划组织重点活动,开展志愿者标识系统设计、主题歌曲及口号征集等工作。

(2)招募选拔计划。建设志愿者全球招募网络平台,完善招募选拔程序,优化运行机制和工作环节。

(3)公益实践计划。支持志愿者投身公益实践活动,打造志愿服务品牌项目。

(4)教育培训计划。建立志愿者通用培训、专业培训、场馆和岗位培训体系,加强语言能力、专业知识、扶残助残技能等培训。

(5)激励保留计划。做好住宿、餐饮、医疗、交通等保障事项,对志愿者进行普遍激励。

(6)岗位运行计划。做好志愿者排班、考勤、轮休等管理工作,维护志愿者权益。

二、志愿服务的特征

志愿服务有自愿性、无偿性、公益性、服务性和组织性五个基本特征,其特征的精髓是奉献精神。奉献意味着无偿、不计报酬地为他人、为社会服务,具有奉献精神的人通常也会自发自愿地参与志愿服务。

(一)自愿性

自愿性并不排斥义务性。举例来说,有的公交线路没有无障碍设施,我们有义务帮助残障朋友同样享受公交出行这项公共服务。为让社会更美好,让每个人都享受发展带来的福祉,我们就有义务、有责任不求回报地去为他人服务、为社会付出。因此,志愿服务可以在缩小贫富差距、促进人人共享社会发展成果上发挥作用。

(二)无偿性

志愿者无报酬,但志愿服务有成本。志愿者在志愿服务中付出时间、劳动、智力等,是不能获取报酬的,但为此付出的交通等成本,可由志愿服务组织、服务对象或企业,通过补贴的方式来帮助志愿者分担;也可通过提供保险、培训学习等方式,给予志愿者一定的回报或保障。志愿服务成本既可由志愿者组织方、志愿者、志愿服务对象独自承担,也可由多方共同承担。

(三)公益性

志愿服务最核心的就是拒绝私利。《中国志愿服务大辞典》关于"志愿服务"的定义中,明确提出"服务于非近亲属"。根据该概念,很多情况如学生回家做家务等,都不是志愿服务。

(四)服务性

志愿服务强调非物质化的援助,如献血、捐款行为,本身是物质化援助,不属于志愿服务,但是参与献血动员宣传、服务于献血者等,是志愿服务。同样,在募捐中参与动员、宣传、组织管理等服务也是志愿服务。

(五)组织性

有组织的志愿服务能够极大地提升志愿服务贡献力。人们经常批评去养老院服务的志愿者多集中在重阳节,批评去往灾区进行应急救援的志愿者太多,造成道路拥堵等,这些都是志愿服务缺乏管理或组织不善导致的。志愿服务的组织性,还有利于推动志愿服务制度化、专业化发展,比如规范志愿者招募和培训等,将更有助于志愿服务事业持续健康发展。

三、志愿者的基本条件

2013年11月,共青团中央、中国青年志愿者协会颁布新修订的《中国注册志愿者管理办法》。其中,对注册志愿者的基本条件做了如下规定。

(1)年满十八周岁或十六至十八周岁以自己劳动收入为主要生活来源者;十四至十八周岁者,须经其法定代理人同意;未满十八周岁的在校学生申请注册的,按所在学校有关规定办理。

(2)具备参加志愿服务相应的基本能力和身体素质。

(3)遵守国家法律法规和注册机构的相关规定。

四、志愿者的权利和义务

(一)志愿者的权利

志愿者拥有如下权利。

(1)参加志愿服务活动。

(2)接受相关的志愿服务培训,获得志愿服务活动真实、必要的信息。

(3)获得从事志愿服务的必需条件和必要保障。

(4) 优先获得志愿者组织和其他志愿者提供的服务。

(5) 对志愿服务工作提出意见和建议。

(6) 相关法律、法规、政策所赋予的权利。

(7) 可申请取消注册志愿者身份。

(二) 志愿者的义务

志愿者的义务如下。

(1) 遵守国家法律法规及团组织、志愿者组织的相关规定。

(2) 每名注册志愿者根据个人意愿至少选择参加一个志愿服务项目或活动，每年参加志愿服务时间累计不少于 20 小时。

(3) 履行志愿服务承诺，完成志愿服务任务，传播志愿服务理念。

(4) 自觉维护团组织、志愿者组织和志愿者的形象。

(5) 在志愿者职责范围内，自觉维护服务对象的合法权益。

(6) 自觉抵制任何以志愿者身份从事的营利性活动或其他违背社会公德的活动（行为）。

(7) 依法应当承担的其他义务。

五、志愿精神

志愿服务是公益服务，倡导"奉献、友爱、互助、进步"，内含丰富的道德精神和伦理精神，是涉及范围最广、影响面最大的道德实践活动，是涵养社会主义核心价值观的一项重要实践活动，是现代社会文明程度的重要标志。

(一) 奉献

"奉献"即不求回报的付出。奉献精神是高尚的，是志愿精神的精髓。志愿者在不计报酬、不求名利、不要特权的情况下参与推动人类发展、促进社会进步的活动，这些都体现着高尚的奉献精神。

(二) 友爱

志愿精神提倡志愿者欣赏他人、与人为善、有爱无碍、平等尊重，这便是友爱精神。志愿者之爱跨越了国界、职业和贫富差距，是没有文化差异，没有民族之分，不分高低贵贱的平等之爱，它让社会充满阳光般的温暖。

（三）互助

志愿服务包含深刻的互助精神，它提倡互相帮助、助人自助。志愿者凭借自己的双手、头脑、知识、爱心开展各种志愿服务活动，帮助那些处于困难或危机中的人们。志愿服务者以互助精神唤醒了许多人内心的仁爱和慈善，使他们也加入志愿者队伍。

（四）进步

进步精神是志愿精神的重要组成部分，志愿者通过参与志愿服务，使自己的能力得到提高，同时促进了社会的进步。志愿活动中无处不体现着进步的精神，正是这一精神使人们甘心付出，追求社会和谐。

六、志愿者日与志愿者标识

每年3月5日是中国青年志愿者服务日，12月5日是国际志愿者日。注册志愿者标识如图7-10所示，中国志愿服务标识如图7-11所示。

图7-10　注册志愿者标识

图7-11　中国志愿服务标识

劳动实践

防电信诈骗宣传志愿活动

一、劳动实践目标

（1）使同学们了解志愿活动的内容（电信诈骗的类型、后果、受害对象，提高个人安全意识），自愿、无偿及有组织地参加志愿者活动。

（2）通过参与志愿活动，体悟志愿活动奉献、友爱、互助、进步的精神实质。

二、劳动实践的组织形式

学生分成小组，每组6～8人。

三、劳动实践活动材料

宣传手册、志愿者服装等。

四、劳动实践活动设计

劳动实践步骤	操作要求	参考范例	学生实践记录（完成度、效果、问题、创新等）
步骤1	学生了解本次志愿活动的目标、内容，自愿报名。根据报名情况，分组进行。 注意：讲述清晰、引导恰当。	强调公益性、自愿及无偿性。	
步骤2	按照不同的宣传场地（甬道、综合楼、教学楼、餐厅等），将志愿者分为多个小组。每组负责人1名，负责组织活动有序进行，报告并处理紧急事件。所有学生学习宣传手册内容。	明确分组分工，熟练掌握宣传内容。	
步骤3	小组负责人带领小组成员到指定位置，对校园内学生、教职工进行防电信诈骗宣传。	热心、耐心讲解，体现服务意识、奉献及公益精神。	
步骤4	活动结束，清理掉落的宣传册和其他杂物，保持场地整洁。	注意环保卫生。	
心得体会			

五、劳动评价

评价内容	评价细则	分值	学生自评	组间互评	教师评价
劳动习惯	准备材料仪器、工具设备	10			
	劳动纪律与安全	10			
	按照标准流程进行	20			
劳动品质	团队合作、劳动意志、审美情趣	10			
	体现劳动精神、劳模精神、工匠精神	20			
劳动能力	明确目标，熟悉流程，工具使用符合规范	20			
	成品标准，成效显著	10			

任务六　勤工俭学

勤工俭学是学校组织的或学生个人从事的有偿劳动，用以助学。勤工俭学的任务有两个。一是学校借此对学生进行劳动技术教育，帮助学生培养正

13.勤工俭学

确的劳动观念和态度，使学生学会自立、自强，将理论与实践联系起来，掌握一定的生产知识和劳动技能。二是学生将个人所得劳动报酬用作部分学习与生活费用。

一、勤工俭学的对象

参加勤工俭学的学生大部分家庭经济状况相对差一些，他们为了缓解家庭的经济压力，通过勤工俭学获得部分生活和学习费用，也有一部分家境较好的学生，他们勤工俭学的目的大多是增加社会经验，丰富阅历。

◆拓展阅读◆

勤工俭学需注意的问题

社会上有形形色色的求职陷阱，涉世之初的学生稍不注意就有可能上当受骗。由于学生利用业余时间打工已成为校园里的一个普遍现象，不少中介公司以此为"契机"，抓住学生社会经验不足的弱点，明目张胆地进行欺诈活动。学生应警惕以下陷阱。

陷阱一：虚假信息

一些不规范的中介机构利用学生急于在假期打工的心理，夸大事实，无中生有，以"急招"的幌子引诱学生前来报名登记。一旦中介费到手，这些机构便将登记的学生搁置一边，或找几个关系单位让学生前去"应聘"，其实只是做个样子。这样用不了多久，大部分学生对通过中介机构找到工作已不再抱有太多希望。

陷阱二：预交押金

一些用人单位在招聘时，往往收取不同金额的押金，或要求学生将身份证、学生证作为抵押物。这类骗局通常在招聘广告上称有文秘、打字、公关等比较轻松的岗位，求职者只需交一定的"保证金"即可上班。但往往是学生交钱后，招聘单位推说职位暂时已满，要学生回去等消息，接下来便如石沉大海，押金自然也不会退还。

陷阱三：不付报酬

一些学生在暑期被个人或流动服务的公司雇用，双方口头约定以月为单位发放报酬，但雇主往往在8月份找个借口故意拖延，而到9月份学校开学后就消失得无影无踪，令学生白白辛苦一个假期。

陷阱四：临时苦工

一些学生想利用假期做临时工赚些"零花钱"，因此对所从事工作的内容往往不太计较。而个别企业正是利用了这一点，平日积攒下一些员工不愿干的脏活、累活，待假期一到，找一些学生突击完成，然后给一点钱打发学生。

陷阱五："高薪"招工

有些娱乐场所以高薪来吸引学生从事所谓的"公关"工作。学生在这些场所打工，很容易上当受骗或误入歧途。

第八章
专业劳动

学习目标

知识目标

1. 了解本专业的发展前景、岗位需求及职业素养要求。
2. 掌握本专业劳动任务的实施步骤及注意事项。

素质目标

1. 能够在专业劳动中自觉锻炼吃苦耐劳、艰苦奋斗的劳动意志,培养崇尚劳动、热爱劳动、诚实劳动的劳动品质。
2. 能够在专业劳动实践中严格遵守劳动纪律和操作规范,保证劳动安全,自觉践行一丝不苟、精益求精的工匠精神。

新时代劳动教育

任务一　冰箱清洁

健康关系你我他，共创卫生靠大家。人人参与卫生清洁，才能天天享有健康生活。随着科技的发展，我们拥有越来越多的机电类科技产品。冰箱就是我们最常用的电器之一，也是我们存放食品的地方，为了避免病从口入，冰箱的清洁尤为重要。

冰箱清洁需要注意：①安全清洁，一定要先断电；②注意冰箱拆卸、安装工具的正确选择和使用；③在清洁中要选择恰当的方式，保护好电器中的零部件，避免损坏冰箱或影响冰箱正常使用。

劳动实践

冰箱清洁

一、劳动实践目标

（1）意识到定期清洁冰箱的重要性。

（2）掌握冰箱清洁操作规范。

（3）注意劳动安全，避免触电事故和损坏电器。

二、劳动实践的组织形式

学生分成小组，每组 6～8 人。

三、劳动实践活动材料

冰箱、洗洁精、水、抹布、白醋、软毛刷等。

四、劳动实践活动设计

劳动实践步骤	操作要求	参考范例	学生实践记录（完成度、效果、问题、创新等）
步骤 1	清空冰箱，将冰箱冷藏区、冷冻区的食物全部取出。 注意：为冰箱做清洁前，先切断冰箱电源，防止触电事故和电器短路。		

166

第八章　专业劳动

续表

劳动实践步骤	操作要求	参考范例	学生实践记录（完成度、效果、问题、创新等）
步骤2	将冰箱冷藏室内的搁架、果蔬盒等取出。 注意：这些都是易碎物，取出时要小心。		
步骤3	先对冰箱外壳和门体进行清理，用柔软的布擦拭冰箱外壳和拉手。 注意：清洗油渍比较多的地方时，可以蘸点洗洁精擦拭，效果会更好。		
步骤4	用抹布蘸着混有洗洁精的水擦洗部件，然后用抹布擦干，或让其自然风干。 注意：擦洗要彻底，不留死角。		
步骤5	用软布蘸清水或洗洁精，轻轻擦洗冷藏区内部，然后使用软钢丝通到底部反复抽拉顺通管道，再倒入温水将污物冲进排水盒。排水盒在冰箱背面下方，使用螺丝刀取出排水盒，用清水冲洗干净即可。 注意：清洁冰箱的照明灯、温控器等部件时，需将抹布拧得干一些。		
步骤6	清洁冷冻区，可待冷冻室内的冰融化后，用毛巾将冷冻室擦拭干净。然后让冰箱自然风干。 注意：不要用尖锐物品来铲冷冻蒸发器上的冰，这样容易损伤冷冻蒸发器，导致冰箱出现故障。		

167

续表

劳动实践步骤	操作要求	参考范例	学生实践记录（完成度、效果、问题、创新等）
步骤7	冰箱密封条是可拆卸的，可使用1∶1醋水擦拭密封条，既能清洁，又能消毒。 注意：拆卸密封条的时候不要野蛮拉扯，以免将密封条扯坏。		
步骤8	用软毛刷清洗冰箱背部通风栅，之后用干燥的软布或毛巾擦拭干净。 注意：不要用湿布，以免通风栅生锈。		
心得体会			

五、劳动评价

评价内容	评价细则	分值	学生自评	组间互评	教师评价
劳动习惯	准备材料仪器、工具设备	10			
	劳动纪律与安全	10			
	按照标准流程进行	20			
劳动品质	团队合作、劳动意志、审美情趣	10			
	体现劳动精神、劳模精神、工匠精神	20			
劳动能力	明确目标，熟悉流程，工具使用符合规范	20			
	成品标准，成效显著	10			

任务二　数控机床保养

数控技术是一种集机、电、液、光、计算机、自动控制技术为一体的知识密集型技术，它是制造业实现现代化、柔性化、集成化生产的基础，同时也是提高产品质量、提高生产率必不可少的物质手段。

加入世界贸易组织后，随着经济的快速发展，中国正逐步成为世界制造中心，数控化率已成为衡量一个国家或企业制造技术水平和经济实力的重要指标之一（数控化率指的是设备拥有量中数控设备所占的比例）。目前我国机床的数控化率仅为1.9%，而日本高达30%，美国超过了 40%。在发达国家，数控机床已经得到普遍使用，而我国数控技术应用推广同发达国家相比差距很大。我国数年内将增加 40 万～50 万台数控机床，相应需要 60 万～80 万数控专业技术人才。

数控机床保养中需要做的相关工作有：①机床清洁；②做防锈处理；③做好车间的总断电、断气、断供液工作；④防水防潮；⑤做好防鼠处理工作，防止老鼠咬断电线，引起机床故障。

劳动实践

数控机床保养

一、劳动实践目标

（1）认识数控机床保养与维护的重要性。

（2）掌握机床保养的步骤和注意事项。

（3）体悟精益求精的劳动精神，养成良好的劳动习惯，提升专业素养。

二、劳动实践的组织形式

学生分成小组，每组 6～8 人。

三、劳动实践活动材料

手套、毛刷、抹布、簸箕等清理工具，以及润滑油等。

四、劳动实践活动设计

劳动实践步骤	操作要求	参考范例	学生实践记录（完成度、效果、问题、创新等）
步骤1	数控机床使用环境要清洁卫生，通风好，无粉尘，温度适宜，无频率干扰。 注意：如果条件允许，建议将数控机床与普通机械隔离安装，减少干扰，便于维护。		
步骤2	按照规范要求，操作人员应熟悉数控机床的数控系统、强电设备、液压气动等，按照要求正确操作数控机床。 注意：按照操作规程进行正确操作，防止误操作对机床造成损害。		

续表

劳动实践步骤	操作要求	参考范例	学生实践记录（完成度、效果、问题、创新等）
步骤3	对数控机床进行擦拭保养，去除油污，进行防锈防潮处理，清理各部位的铁屑。 注意：在清扫过程中使用专业工具并佩戴手套，以免被铁屑划伤。		
步骤4	清洗元器件，包括热交换器的空气过滤网、冷却水泵、润滑油泵滤网等。 注意：清洗完毕后，要检查数控机床的风扇系统是否能正常运转，避免出现灰尘堵塞风扇系统的情况。		
步骤5	检查数控机床的各个部件，包括传动链、刀库、换刀机械手等。 注意：需要留意各个部件是否有螺丝松动，有无异响，发现问题后及时解决。		
步骤6	检查数控机床的运行精度，对机床进行精度矫正。 注意：精度矫正分为软、硬两种，软矫正主要指系统参数补偿，硬矫正一般用于机床大修时的精度矫正。		
心得体会			

五、劳动评价

评价内容	评价细则	分值	学生自评	组间互评	教师评价
劳动习惯	准备材料仪器、工具设备	10			
	劳动纪律与安全	10			
	按照标准流程进行	20			
劳动品质	团队合作、劳动意志、审美情趣	10			
	体现劳动精神、劳模精神、工匠精神	20			
劳动能力	明确目标，熟悉流程，工具使用符合规范	20			
	成品标准，成效显著	10			

任务三　汽车清洁

现代汽车维修服务于千家万户，由于面对的是机、电、液一体的高科技集成物，且种类繁多，技术更新快，对从业人员的要求越来越高。当下汽车产业发展迅速，人才培养速度跟不上产业发展需要；汽车检测与维修技术人才培养被列入国家制造业和现代服务业技能紧缺人才培养工程。维修企业的发展和人员素质远不能满足行业发展的需要，能够从事汽车营销、技术服务、汽车信贷、汽车保险与理赔、二手车交易等复合型汽车检测与维修技术的人才更是匮乏，人才短缺已经成为汽车行业的常态。我国现有人才总量与产业大国的现状不匹配，与产业强国的目标有差距。国内汽修人才的缺口至少百万。

汽修产业的发展对人才提出了新的要求。大爆炸的时代，汽车技术快速更新换代，已经不可能培养精通汽车维修所有领域的人才。随着汽车维修的专业化与专修化发展，汽车维修开始分模块进行，汽修市场上变速器专修、空调专修、汽车电器专修、轮胎维护等企业蓬勃发展，汽修人才的培养也必须向一专多能的方向发展，中职汽修专业学生的培养目标面临多元化的发展趋势。因此，中职汽修专业要制订多元化的人才培养目标，以变速器维修、发动机维修、汽车电路维修、汽车保养等专修为培养目标，着重培养学生在专修领域的技能，以其余技能为辅，培养一专多能的人才，以适应汽修产业的变革。

汽车产业转型升级对人才提出了更高的要求。一方面，要培养汽车技术研发人才，如发动机参数的标定人才、变速器与发动机技术研发人才等；另一方面，要培养汽修高技能人才，如汽车复杂故障的诊断维修人才、汽车电控系统的维修人才等。在对人才进行技能培养的基础上，要注重学生职业观与人生观的培养。以上对人才的要求单纯依靠中职教育并不能完全实现，因此需要建立纵横贯通的人才培养体系。

中职学校汽修专业毕业生一般从事汽车美容、汽车钣金与喷漆、零配件销售、汽车装配与制造、售后服务顾问、前台接待、配件管理、保险理赔等工作。汽修行业对学生职业素养的需求既与一般行业有共同的基础，又有行业自身的特点。调查发现，相关企业招聘人才时最看重吃苦耐劳的特点，其次是专业技术、沟通能力与团队精神。企业在招聘的时候总是把学生的劳动技能作为关注点，而专业知识次之，可见劳动技能的重要性。因此，在中职生培养中，除了专业知识的教育外，更要加强劳动技能的培养。

以赛促教、以赛促学是职业教育中培养学生职业行为习惯的一种行之有效的方法。把技能竞赛引入日常的教学与实训中，使每门课程都有相关的竞赛，用常态化的技能竞赛模式培

新时代劳动教育

养汽修专业学生的团队协作能力与沟通能力。教学过程中的技能竞赛要与汽修专业人才培养方案相结合，结合行业标准并围绕专业培养目标，让技能竞赛与劳动技能形成良好的互动，激发学生的学习兴趣与动力，提高学生的综合竞争能力。实训课程中的常态化技能竞赛，能让学生认识到组织管理、人际沟通、团结合作等的重要性，让学生在竞赛过程中培养团队协作意识和沟通协调能力。

学生要始终以提高自身的综合素质为目标，以自我的全面发展为努力方向，树立正确的人生观、价值观和世界观，积极参加社会实践，培养一定的分析问题、解决问题的能力，以及较强的动手能力。

劳动实践

汽车清洁

一、劳动实践目标

体验专业劳动，感受精益求精的工匠精神，养成良好的劳动习惯，提升专业素养。

二、劳动实践的组织形式

学生分成小组，每级 6~8 人。

三、劳动实践活动材料

实训汽车、车用清洗剂、水枪、擦车巾等。

四、劳动实践活动设计

劳动实践步骤	操作要求	参考范例	学生实践记录（完成度、效果、问题、创新等）
步骤1	以小组为单位办理接车手续，检查车辆整体情况，并做好记录。 注意：等车辆停放在指定位置，再对车辆进行检查。		
步骤2	用高压水将车辆表面的灰尘冲洗干净。 注意：洗车前查看车门、车窗是否全部关闭。		
步骤3	用高效去污专用洗车液清洗车身。 注意：选择合适的洗车液，保证清洁效果，避免损伤车漆。		

续表

劳动实践步骤	操作要求	参考范例	学生实践记录（完成度、效果、问题、创新等）
步骤 4	冲洗车身上的泡沫及污渍，清洗车轮。 注意：冲洗泡沫，不留死角，清洗车轮内外侧。		
步骤 5	用吸水毛巾擦干车身的水渍。 注意：选择专用擦车巾进行擦拭，防止留下擦痕。		
步骤 6	进行全车检查，交车。 注意：全车检查无死角，方可办理交车手续，对于存在的问题，要重点标注。		
心得体会			

五、劳动评价

评价内容	评价细则	分值	学生自评	组间互评	教师评价
劳动习惯	准备材料仪器、工具设备	10			
	劳动纪律与安全	10			
	按照标准流程进行	20			
劳动品质	团队合作、劳动意志、审美情趣	10			
	体现劳动精神、劳模精神、工匠精神	20			
劳动能力	明确目标，熟悉流程，工具使用符合规范	20			
	成品标准，成效显著	10			

任务四　电脑除尘

　　电脑属于高精密的机器设备，除了要正确地使用外，经常进行电脑清洁也是十分必要的。电脑主机内部的主板、CPU、风扇、显卡、电源等长时间工作会因静电、灰尘等而容易出现电脑死机、蓝屏、运行速度过慢等问题。可用不同的清洁剂对电脑的主机外壳、显示器等进

新时代劳动教育

行清洁。使用这些清洁剂,可以令电脑焕然一新,并能消除因为灰尘、氧化等引起的故障隐患,是一种类似"预维修"的工作。

> 劳动实践

电脑除尘

一、劳动实践目标

(1)意识到定期进行电脑除尘的必要性。

(2)掌握电脑除尘操作规范,熟练进行电脑除尘。

二、劳动实践的组织形式

学生分成小组,每组6~8人。

三、劳动实践活动材料

(1)台式电脑、吹风机、毛刷、螺丝刀等。

(2)仔细观看PPT、视频等,认真领悟活动目标、步骤、操作规范、注意事项。

四、劳动实践活动设计

劳动实践步骤	操作要求	参考范例	学生实践记录(完成度、效果、问题、创新等)
步骤1	将电脑断电,将主机箱上的电源线、键盘线、鼠标线、网线等线路全部拔掉。 注意:操作前需先断电,拔掉线路时注意方法,避免线路受损。		
步骤2	用螺丝刀拧开侧面螺丝,然后打开主机盖。 注意:机箱类型各不相同,部分机箱螺丝手动即可拧开,不需要使用螺丝刀。		
步骤3	拧下显卡的螺丝,就可以看到显卡的风扇,用毛刷清理风扇上的灰尘。 注意:显卡的风扇不太好清理,需用毛刷清理,清理时要注意力度。		

续表

劳动实践步骤	操作要求	参考范例	学生实践记录（完成度、效果、问题、创新等）
步骤4	使用吹风机，将主机内各角落的灰尘除去。 注意：尽量不要用吹风机触碰主机箱内的器件，防止器件受损，吹灰尘时要仔细，不留卫生死角。		
步骤5	安装显卡和主机盖。 注意：安装显卡时要注意卡槽方向，防止安错。		
心得体会			

五、劳动评价

评价内容	评价细则	分值	学生自评	组间互评	教师评价
劳动习惯	准备材料仪器、工具设备	10			
	劳动纪律与安全	10			
	按照标准流程进行	20			
劳动品质	团队合作、劳动意志、审美情趣	10			
	体现劳动精神、劳模精神、工匠精神	20			
劳动能力	明确目标，熟悉流程，工具使用符合规范	20			
	成品标准，成效显著	10			

任务五　商品橱窗设计

如果眼睛是心灵的窗户，橱窗则是反映店铺灵魂的窗户。对于店铺来说，其外部表现形式中最基本的构成就是橱窗。作为品牌个性风格表现形式的中心，橱窗同时反映产品的风格、目标和价格定位，是展现品牌和产品风格不可或缺的手段。我们认为橱窗设计的目的是树立品牌形象，建立与客户交流的渠道。

劳动实践

商品橱窗设计

一、劳动实践目标

（1）意识到商品橱窗设计的重要性。

（2）掌握商品橱窗设计的要领，完成指定的商品橱窗设计任务。

二、劳动实践的组织形式

学生分成小组，每组6~8人。

三、劳动实践活动材料

（1）商品展台、部分商品、装饰品、价签等。

（2）仔细观看PPT、视频等，认真领悟活动目标、步骤、操作规范、注意事项。

四、劳动实践活动设计

劳动实践步骤	操作要求	参考范例	学生实践记录（完成度、效果、问题、创新等）
步骤1	选择合适的主题商品，并根据促销商品价格制作价签。 注意：商品的选择要符合活动主题的相关要求。		
步骤2	完成宣传海报制作。可根据产品特性制作宣传海报，包括商品图片、广告语等。 注意：宣传海报旨在进行商品信息介绍，起到吸引消费者、宣传推广的作用。		
步骤3	选择陈列方式。可根据活动要求选择合适的陈列方式，如交叉堆积陈列、投入式陈列、情景陈列等。 注意：在商品陈列过程中要注重充实感、美感、亲切感、宽阔感、关联感等因素。		
步骤4	设计橱窗构图，使橱窗构图优美完整，具有强烈的艺术感染力，满足消费者的审美需要。		

续表

劳动实践步骤	操作要求	参考范例	学生实践记录（完成度、效果、问题、创新等）
步骤5	设计橱窗展示替换方案，橱窗展示要定期更新，不能永远是一副"老面孔"。 注意：橱窗内展示的商品需根据时间、顾客需求等因素进行替换。		
心得体会			

五、劳动评价

评价内容	评价细则	分值	学生自评	组间互评	教师评价
劳动习惯	准备材料仪器、工具设备	10			
	劳动纪律与安全	10			
劳动品质	按照标准流程进行	20			
	团队合作、劳动意志、审美情趣	10			
	体现劳动精神、劳模精神、工匠精神	20			
劳动能力	明确目标，熟悉流程，工具使用符合规范	20			
	成品标准、成效显著	10			

任务六　农副产品拍摄

产品拍摄属于商业产品广告拍摄的一部分，主要以商品为主要拍摄对象，通过反映商品的形状、结构、性能、色彩和用途等特点，辅以美工技术，从而激发顾客的购买欲望。产品拍摄是传播商品信息、促进商品流通的重要手段。

随着电商平台的繁荣，很多农副产品也开始进入电商平台进行销售。农副产品在电商平台的崛起中，扮演重要角色的就是农副产品拍摄工作。

本次劳动实践能促使学生掌握一定的网店美工技能，能够用不同的方法对照片进行裁剪、抠图，掌握照片的调色方法，学会商品照片的修图方法，掌握美化商品图片的方法，能有效突出商品卖点。

> 劳动实践

橘子拍摄及后期制作

一、劳动实践目标

（1）意识到农副产品拍摄的重要性。

（2）掌握农副产品拍摄的要领，完成橘子拍摄任务。

二、劳动实践的组织形式

学生分成小组，每组6～8人。

三、劳动实践活动材料

（1）黑白格桌布或纯色卡纸、透明水果碗、杂志、木质托盘、橘子等。

（2）仔细观看PPT、视频等，认真领悟活动目标、步骤、操作规范、注意事项。

四、劳动实践活动设计

劳动实践步骤	操作要求	参考范例	学生实践记录（完成度、效果、问题、创新等）
步骤1	拍摄时要选择光线好的地方作为背景，或者用卡纸摆出纯色的背景，方便获得简洁的画面，有利于画面的表达。		
步骤2	在橘子上喷洒水珠，来体现橘子的新鲜。 注意：水果的拍摄主要体现"新鲜"这一重要特点，切忌选择被虫咬过或者有其他瑕疵的水果。		
步骤3	把橘子剥开，使其露出鲜嫩饱满的果肉作为前景，呈现更多的细节。 注意：使用手机构图小技巧，如对角线构图，即拍摄透明水果碗里的部分橘子，剩下的橘子随意散落在桌子上；或对称构图，即画面的一半用来拍摄透明水果碗，供后期裁剪；或黄金分割线构图，即将橘子放在九宫格的下两格，上面留白；或铺满式构图，即给橘子来个特写。		

续表

劳动实践步骤	操作要求	参考范例	学生实践记录（完成度、效果、问题、创新等）
步骤4	水果碗里的橘子和随意散落的单个橘子相结合，形成总分结构，丰富画面。 注意：尽量多角度拍摄，如正视、俯视、仰视、顺光、逆光、侧光，然后用多个橘子摆出不同造型，可在左侧布光，用来增强橘子的边缘反光效果。		
步骤5	美化图片。可使用手机应用Snapseed调亮图片，也可使用黄油相机调色（选择合适的滤镜）保存，然后保存图片。		
心得体会			

五、劳动评价

评价内容	评价细则	分值	学生自评	组间互评	教师评价
劳动习惯	准备材料仪器、工具设备	10			
	劳动纪律与安全	10			
	按照标准流程进行	20			
劳动品质	团队合作、劳动意志、审美情趣	10			
	体现劳动精神、劳模精神、工匠精神	20			
劳动能力	明确目标，熟悉流程，工具使用符合规范	20			
	成品标准，成效显著	10			

任务七 会计凭证装订

会计凭证装订是指将会计凭证整理成册，包括将记账凭证按凭证类别（收款凭证、付款凭证、转账凭证）、编号进行排列，连同所附原始凭证一并装订成册。

会计凭证一般每月装订一次，装订好的凭证按时间和类别妥善归档。

一、会计凭证装订前的准备工作

第一项工作是分类整理，即将会计凭证按顺序排列，检查日期、编号是否齐全。

第二项工作是按凭证汇总日期归集（如按上、中、下旬汇总归集），确定装订成册的本数。

第三项工作是摘除凭证内的金属物（如大头针、回形针），对于纸张尺寸大于记账凭证的原始凭证，可参照记账凭证的尺寸，先自右向后，再自下向后两次折叠。注意应把凭证的左上角或左侧面露出来，以便装订后，还可以展开查阅。对于纸张面积过小的原始凭证，一般不能直接装订，可先按一定顺序和类别排列，再粘在一张与记账凭证大小相同的白纸上，粘贴时最好使用胶水。小票应分张排列，同类同金额的单据尽量粘在一起，同时，在一旁注明张数和合计金额。如果是板状票证（如火车票），可以将票面票底轻轻撕开，厚纸板弃之不用。对于纸张面积略小于记账凭证的原始凭证，可以将其用回形针或大头针别在记账凭证后面，待装订凭证时，抽去回形针或大头针。有的原始凭证不仅面积大，而且数量多，可以单独装订，如工资单、耗料单，但在记账凭证上应注明保管地点。

第四项工作是整理检查凭证顺序号，如有颠倒，要重新排列；如发现缺号，要查明原因。再检查附件有否缺漏，如领料单、入库单、工资单、奖金发放单是否齐全。

第五项工作是检查记账凭证上有关人员（如财务主管、复核、记账、制单等）的印章是否齐全。

二、会计凭证装订时的要求

可用"三针引线法"装订，装订凭证应使用棉线，在左上角部位打三个针眼，实行三眼一线打结，结扣应是活的，并放在凭证封皮的里面，装订时尽可能缩小结扣所占部位，使记账凭证及其附件保持尽可能大的显露面，以便事后查阅。

凭证外面要加封面，封面纸可选用质地较硬的卡纸，封面规格略大于所附记账凭证。

会计凭证厚度一般为1.5厘米，还要保证装订牢固、美观大方。

三、会计凭证装订后的注意事项

在每本会计凭证的封面填写凭证种类、起止编号、凭证张数等信息，加盖会计主管人员和装订人员印章。

在会计凭证的封面上编好卷号，按编号顺序入柜，并显露出凭证种类和编号，以便调阅。

第八章 专业劳动

> 劳动实践

会计凭证装订

一、劳动实践目标

（1）意识到会计凭证装订的重要性。

（2）掌握会计凭证装订的要领，完成指定的会计凭证装订任务。

二、劳动实践的组织形式

学生分成小组，每组6～8人。

三、劳动实践活动材料

（1）会计票据、会计凭证封面和封底、夹子、装订机、包角纸、胶水等。

（2）仔细观看PPT、视频等，认真领悟活动目标、步骤、操作规范、注意事项。

四、劳动实践活动设计

劳动实践步骤	操作要求	参考范例	学生实践记录（完成度、效果、问题、创新等）
步骤1	分类整理票据凭证，检查编号、票据完整性、整齐度等。 注意：分类整理时需要认真严谨，对顺序、日期、编号、是否缺页、印章是否完整进行检查。		
步骤2	将封面、封底分别附在凭证上。 注意：封面、封底与凭证叠放整齐。		
步骤3	将包头纸放在封面左上角，并用夹子将凭证固定好。 注意：包头纸要事先裁剪好，尺寸不宜过大，否则容易遮盖凭证信息。		
步骤4	使用装订机在凭证的左上角打两个孔，并将铆钉订到凭证上。 注意：装订机操作需规范，先调整高度，再按打孔键，操作过程中要注意安全。		
步骤5	将包头纸向左上角折叠，然后分别将包角的侧边和上边折向背面，均匀涂抹胶水并粘贴。 注意：包头纸在折叠过程中要注意角度，包紧实，防止凭证松散。		
心得体会			

五、劳动评价

评价内容	评价细则	分值	学生自评	组间互评	教师评价
劳动习惯	准备材料仪器、工具设备	10			
	劳动纪律与安全	10			
	按照标准流程进行	20			
劳动品质	团队合作、劳动意志、审美情趣	10			
	体现劳动精神、劳模精神、工匠精神	20			
劳动能力	明确目标,熟悉流程,工具使用符合规范	20			
	成品标准,成效显著	10			

参 考 文 献

[1] 黄震. 工匠精神[M]. 北京：北京工业大学出版社，2017.

[2] 刘佳. 场域与坐标：劳模精神的思想逻辑[M]. 北京：中国工人出版社，2022.

[3] 孙光德，董克用. 社会保障概论[M]. 5版. 北京：中国人民大学出版社，2016.

[4] 檀传宝. 劳动教育论要：现实畸变与起点回归[M]. 北京：北京师范大学出版社，2020.

[5] 王献青. 大国工匠[M]. 北京：作家出版社，2017.

[6] 谢德成. 劳动法与社会保障法[M]. 5版. 北京：中国政法大学出版社，2017.

[7] 徐大慰. 劳模精神研究[M]. 北京：安徽师范大学出版社，2020.

[8] 曾天山，顾建军. 劳动教育论[M]. 北京：教育科学出版社，2020.

版 权 声 明

　　为了方便学校课堂教学，促进知识传播，便于读者更加直观透彻地理解相关理论，本书选用了一些论文、电影、电视、网络平台上公开发布的优质文字案例、图片和视频资源。为了尊重这些内容所有者的权利，特此声明，凡在本书中涉及的版权、著作权等权益，均属于原作品版权人、著作权人等。

　　在此向这些作品的版权所有者表示诚挚的谢意！由于客观原因，我们无法联系到您。如您能与我们取得联系，我们将在第一时间更正任何错误或疏漏。

与本书配套的二维码资源使用说明

　　本书部分课程及与纸质教材配套数字资源以二维码链接的形式呈现。利用手机微信扫码成功后提示微信登录，授权后进入注册页面，填写注册信息。按照提示输入手机号码，点击获取手机验证码，稍等片刻收到 4 位数的验证码短信，在提示位置输入验证码成功，再设置密码，选择相应专业，点击"立即注册"，注册成功（若手机已经注册，则在"注册"页面底部选择"已有账号立即注册"，进入"账号绑定"页面，直接输入手机号和密码登录），即可查看二维码数字资源。手机第一次登录查看资源成功以后，再次使用二维码资源时，只需在微信端扫码即可登录进入查看。